UNSERE REFLEKTIVE MENSCHLICHE WEISHEIT

Widmung

Dem ewigen Alpha und Omega Gott Vater – Unserem „ABBA“, der der Menschheit diese wunderbare Welt erschuf, damit sie sich ihrer friedvoll erfreut, sie genießt und sie nicht zerstört!

Und

An St. Johannes Paul II Glaubensbote der Kirche!

UNSERE REFLEKTIVE MENSCHLICHE WEISHEIT

Joe-Barth Abba

Verlagshaus Schlosser

Impressum

Text: Joe-Barth Abba
Coverumsetzung: Verlagshaus Schlosser
Satz und Layout: Verlagshaus Schlosser
ISBN: 978-3-96200-377-7
Druck: Verlagsgruppe Verlagshaus Schlosser
D-85551 Kirchheim • www.schlosser-verlagshaus.de

Printed in Germany

Joe-Barth Abba

UNSERE REFLEKTIVE MENSCHLICHE WEISHEIT

Ein Buch voller Gedanken, Inspirationen, Zuversicht, Glück und Perspektiven.
Mit grenzenlosem Humor das tägliche Tiefseinnige Sprüche des Lebens bewältigen!

Erfolgreich leben:Dazu inspirierende Zitate, Gedanken und geistvolle Worte, Anekdoten und ganz gewöhnliche Alltagsscherze.

Vorwort von
Prof. Dr. Sigmund Bonk

Englische Erstausgaben 2010, Human Wisdom, USA.
Revidierte deutsche Auflage, mit freundlicher Genehmigung des Verlages und des Autors.

Kontaktdaten des Autors:
Email: germantheoafr@gmail.com

Inhalt Seite

Teil III:

Feiern, Weihnachten, Komplimente, Entschlossenheit, Lobreden, Feste, Gewohnheiten, Journalismus, Erkenntnis, Lebensregeln, verschiedene Human Wisdom Themen, Neujahr und Weisheit

Teil IV

Teil V

Humor, Späße, Rätsel und Anekdoten

Gruppe 1 :

Weltweiter Humor, Späße, Rätsel und Anekdoten

Gruppe 2 :

Unterhaltung und Humor

Gruppe 3 :

Menschliche Weisheiten und Anekdoten Anekdoten

Gruppe 4 :
Bewunderer, Nachahmer und Lobredner

Gruppe 5 :
Augenblicke der Entspannung

Gruppe 6 :
Die Höhen und Tiefen des Lebens

Gruppe 7 :

Feiern und Witze

Gruppe 8 :

Reise der Hoffnung

Gruppe 9 :

Laissez-faire und mehr

Vorwort

Alles hat seine Zeit; jedes Vorhaben unter dem Himmel hat seine Zeit. Geboren werden hat seine Zeit. Pflanzen hat seine Zeit. Heilen hat seine Zeit, und auch der Frieden hat seine Zeit. Es gibt eine Zeit zum Feiern, aber auch eine Zeit der Fröhlichkeit und des Lachens (vgl. Pred. 3,1-8). Es gibt auch eine Zeit, Mitleid zu bezeugen, wie wir es in der Heiligen Schrift bei Jesus lesen, der beim Tod seines geliebten Freundes Lazarus bitterlich weinte (Joh. 11,35). Jesus ermutigt, uns mit unseren Mitmenschen zu solidarisieren und Beziehungen zu ihnen aufzubauen, wie man an Seiner eigenen Missionstätigkeit und an Seiner Lehre, ebenso wie an Seinen gesellschaftlichen Handlungen erkennt, etwa an Seiner Teilnahme an der Hochzeit zu Kanaa (Joh. 2,1).

Eine fröhliche Haltung ist bewundernswert und verleiht eine anziehende Wirkung. Auch Jesus hat durch Seine Werke Fröhlichkeit bewiesen: Er ermutigte Seine Nachfolger und wies sie auf die Wichtigkeit des inneren Friedens, der Freude in Ihm und der Zufriedenheit im Leben hin.

Er führte die Heiterkeit in Seine Lehre ein, etwa als Er die Klugheit und Schläue jenes Verwalters in Seinem Gleichnis (Lk. 16,1-8) pries. Er fasste Seinen Humor mit den Worten zusammen: „Die Kinder dieser Welt sind im Umgang mit ihresgleichen klüger als die Kinder des Lichts". Humor und verdienstvolle Momente bewahren unsere Herzen und machen uns zu glücklichen und zufriedenen Kindern Gottes.

Charles Maurice de Talleyrand hat einmal gesagt: „Nur Idioten und Fanatiker könnten keinerlei Humor aufbringen". Man kennt schließlich die Menschen, die nie lachen. Es sind düstere Persönlichkeiten. Ein Mangel an Humor und Fröhlichkeit kann auf das Fehlen eines freundlich-aufrechten Geistes in einem Menschen hindeuten.

Das ist der Grund, weshalb wir uns nicht nur materiellem Eigentum unterordnen sollten, sondern vielmehr auch der „Fülle des Geistes". Einige Lichtmomente können unseren Geist von Sorgen und Stress befreien.

Erwähnenswert, dass ein klassischer deutscher Schriftsteller, Theodor Fontane, „Witz und Humor" einmal unter jene Gaben gezählt hat, die Gott dem Menschen geschenkt hat.

Humor vereint Menschen; Ironie und Satire entzweit sie. So ähnlich hat es auch der Humorist Charles Dickens einmal formuliert: „Es gibt keine bessere Methode mit dem Leben fertig zu werden, als fröhlich in Liebe und mit Humor seines Weges zu gehen".

Jeder, der dieses sorgfältig verfasste Büchlein vom Pfarrer Joe-Barth Abba aufmerksam liest und aufmerksam auf die inspirierenden Weisheitssprüche, Anekdoten und humoristischen Aphorismen achtet, wird sie von ganzem Herzen genießen. Dieses Buch über die menschliche Weisheit ist schon seines Stiles und Wesens wegen einladend. Es ist voller Aromen, die jedermann zur gesunden Entspannung dienen können.

Ich kann deshalb, dieses wertvolle Buch von Pfr. DDr. Joe-Barth Abbas meinen Zeitgenossen und auch künftigen Generationen nur wärmstens empfehlen.
Dieses Buch könnte zum unvergessenen Evergreen der Hoffnung und des Optimismus in unserem Leben werden.

Prof. Dr. Sigmund Bonk
Regensburg

Einführung I

Joe-Barth Abba hat uns hiermit ein aktuelles Handbuch zur reflektive Inspiration und menschlichen Weisheit, Humor, Glück und Zuversicht auf unseren Lebensweg mitgegeben. Es ist ein wichtiges Buch, zunächst als Sammlung von allen Scherzen des Humors; inspiriende Gedanken Weisheitssprüchen bedeutender Schriftsteller und Führungspersönlichkeiten, dann aber auch als Sammlung von Anekdoten für Krisenmomente und Augenblicke der Freude in unserer Welt – einer Welt, der es allzu oft an solch tief existenzieller und inspirierender Betrachtungen mangelt. Die Auswahl seiner umfassenden Recherchen umfasst viel von dem, was ich selbst zu den wichtigsten Weisheitsbüchern und bekanntesten Weisheitsprüchen zähle. Es sind zeitlose Worte, wie sie die Menschheit immer schätzen wird.
Das Buch rührt an große Themenkreise, darunter zwischenmenschliche Beziehungen, Bildung, Politik, die Glaubensgrundsätze der Liebe, die Tugenden der Güte, Eucharistie, Heiligkeit, innerer Frieden, Ehe, Wahrheit, Freundschaft, Toleranz, Evangelisation und Mut – um nur einige zu nennen. Dieser Band gibt darüber hinaus Einblicke in die Sichtweise des Autors, menschliche Verhaltensweisen mit einigen großen Themen menschlicher Begegnungen mit

dem Göttlichen und dem existenziell Wirklichen zusammenzuschauen.
Diese und andere aktuellen Themen zeichnen die Gedanken und die Fähigkeit zur Kommunikation des DDr. Joe-Barth Abbas aus, und bilden gleichsam eine Brücke in seine anderen Werke.
Es ist allerdings wichtig, dass man sich erinnert: Während Herr Joe-Barth Abba vorwiegend für seine zahlreichen Werke unterschiedlicher Fachdisziplinen bekannt ist, weisen sie doch allesamt auf den engagierten Autor und Priester hin, der seine schriftstellerische Begabung immer dazu gebraucht, das biblische Versprechen wahr zu machen, in Christus alles neu zu machen. Zu seinen Werken zählen „The Contemporary Nigerian", Friedenethik, Migration, Interkulturelle Theologie und Ökumene„
noch mehr sind auch, "Why Many Youths Fail in Life", „Special Pastoral Formation for Youths in Africa in the 21st Century", „If Not God …? – Treasury of Prayers and Devotions", und seine Arbeiten zum Thema „Berufung": „Journey to Priesthood and Religious Life", usw.
In diesem Band vollbringt Pfr. DDr. Joe-Barth die bewunderungswürdige Arbeit, jene wohlüberlegten Themen und Weisheitssprüche in den angemessenen, menschlichen Kontext von heute zu stellen.I ch kann dieses inspirierende Werk nur jedermann empfehlen und hoffe, dass es die Leser überall auf der Welt ermutigt, auch weiterhin aus dieser psychologisch-philosophischen Quelle zu schöpfen und diese Worte der Weisheit auf ihr Leben anzuwenden, denn dies könnte unsere beste Hoffnung auf eine gerechtere, liebende und friedvollere Welt bleiben.

Prof. Dr. Francis A. Oborji
Urbaniana Universität, Rom, Italia

Einführung II

Hier ist ein Buch voller Gedanken, Inspirationen, Zuversicht, Glück und Perspektiven. Noch mehr mit grenzenlosem Humor das tägliche Tiefseinnige Sprüche des Lebens bewältigen! Der Gebrauch von Auszügen Welt-Weisheitssprüchen, Humor und Zitaten kann sehr unterschiedlicher Natur sein.
Es ist eine andere Dimension beim Gebrauch von Wörtern. Wörter können Ideale enthüllen. Wörter können Wunschbilder verschleiern. Wörter können Sinn vermitteln. Wörter können aber auch Vieldeutigkeit in sich bergen. Manche Menschen lieben es, andere zu zitieren, um ihre eigene Meinung zu untermauern.
Dann gibt es jene, die sich darüber freuen, wenn sie selbst zitiert werden, weil sie so sehen, dass sie zur Menschlichkeit etwas beigetragen haben.
Vielfach verbergen die Menschen auch ihre persönlichen Meinungen hinter der Sichtweise oder der Phantasie anderer. Was immer davon auch der Fall sein mag, eines ist sicher:
Niemand hat absolute Kontrolle über den Gebrauch von Wörtern. Sie können zum Guten gebraucht werden, sie können gleichermaßen missbraucht werden. Sie können manipuliert oder zu einen ganz bestimmten Zweck verzerrt werden, den der Autor ursprünglich keineswegs beabsichtigt hat.
Dieses Werk von Pfr. Dr. Joe-Barth C. Abba kann als ein neuerliches Bestreben gesehen werden, Wörter zur Sinndeutung zu nutzen, Meinungen zu stärken, menschliche Weisheit aufzuzeigen, Eleganz in der Sprache zu bekunden – und um eine leichtere Stimmung zu vermitteln.
Es kann als nützliches Werkzeug in den Händen derer

dienen, die dem etwas hinzuzufügen haben, was andere bereits gesagt oder geschrieben haben.

Hochwürden Herrn Nuntius Dr. Jude M. T. Okolo
Apostolische Nuntiatur, Irland

Einleitung

In der letzten Adventswoche es war ein frostiger unfreundlicher Samstag -haben mein Freund Christopher und ich bei Tagesanbruch gemeinsam gefrühstückt. Während der Duft von Tee und Kaffee in der Luft lag, grübelten wir darüber, wie wir unseren Lebenseifer optimieren könnten. Irgendwann hatte die Sonne den Kampf mit den Regenwolken gewonnen, und man konnte den hellblau schillernden Himmel erblicken. Ich beeilte mich, Türen und Fenster zu öffnen, um die Sonnenstrahlen samt einer frischen Brise Luft hereinzulassen. Die Luft war noch kühl vom morgendlichen Tau. Der süße Duft unzähliger Kräuter verstärkte den Wohlgeruch der Blumen. Wir sprachen über einige schöne Erinnerungen, bevor wir am Mittag mit unseren Vorlesungen und anderen Lehrveranstaltungen an der Universität begannen. So entstanden die Betrachtungen, die später zu diesem Buch führten. Um sich gerade in diesem Jahrtausend auszuzeichnen, bedarf es nicht nur der Tüchtigkeit und der Hingabe, sondern auch der Muße und Entspannung. Es ist wichtig für unser Wohlergehen und für unseren inneren Frieden, dass wir uns Zeit nehmen, über den Grund unseres Fortbestehens nachzudenken.

Das Leben ist voll des Erhabenen wie auch des Läppischen: Die Fesseln, angst- und schreckgeladener Situationen, denen wir immer wieder ausgeliefert sind, verlangen nach Linderung und Trost. Daher ist es so wichtig, dass wir einen kleinen Teil unserer Freizeit der Erholung widmen und uns in den lichteren Momenten des Alltags Ruhe und Innehalten schenken gerade in Zeiten echter Anspannung. Dadurch lässt die emotionale Spannung unserer seelischen Probleme nach: Wir können uns unseren Herausforderungen ganz neu stellen und unserem Leben neuen Schwung verleihen. Das wird uns stärken und uns dazu anhalten, uns größeren Dingen zuzuwenden, sei es nun in unseren Beziehungen oder in unserem Wunsch, anderen zu dienen-ich meine damit die edleren Ziele, nach denen wir ein Leben lang trachten. Für jeden von uns - egal welchen Alters - ist das Wohlergehen und die persönliche Zufriedenheit im Leben oft von einer grundsätzlichen Entscheidung abhängig. Wahres Glück erfordert, dass wir ihm rückhaltlos nachjagen, um uns selbst zu entdecken. Aufmerksam und fröhlich sollten wir dabei sein. Wir müssen das Lachen suchen – und gegenüber jedermann frohgemut sein.

Dieses Buch soll uns zum Wissen motivieren: Wir sind alle Kinder Gottes, des Schöpfers. Und da wir mit der Quintessenz „Leben“ beschenkt sind, sollte dieses Leben nicht von einer chaotischen Lebensweise gekennzeichnet sein, sondern von Frieden. Jeder braucht das notwendige Glück. Wir können mit unserer positiven Haltung und einer fröhlichen Wesensart anderen Menschen den Tag verschönern.

Viele Menschen brauchen unsere Ermutigung und unseren Ansporn. Manche scheinen sadistisch, unzufrieden und un¬glücklich zu sein. Sie kommen mit „steinernen Gesichtern“ daher, die letztlich das schmerzliche Gefühl ihrer Hoffnungslosigkeit widerspiegeln.

Dieses beständige Elend kann durch eine vorübergehende psychische Erkrankung, oder aber auch durch Einsamkeit verursacht sein.
Solch unglückliche Menschen, denen nie ein Lächeln auf den Lippen wohnt, manövrieren sich irgendwann in unnützes Selbstmitleid oder gar in ein qualvolles Leiden. Und damit in die Dunkelheit statt ins Licht. Auch können sie andere Menschen mit ihrem zynisch-hoffnungslosen Geist beeinflussen. Diese Menschen sollen wissen: Unsere gegenwärtige Welt ist grundsätzlich ein gutes und liebenswertes Universum, welches uns Gott in Seiner unermesslichen Güte geschenkt hat. Derart belastete Menschen werden oftmals diejenigen bewundern, die ihr Glück vermehren - oder ihnen helfen können, ihre Sorgen und Kümmernisse zu vergessen-wenn zunächst auch nur kurz.
So aber werden sie sich nach dauernder Lebensfreude sehnen – und sie schließlich auch erlangen. Ich hoffe, dass dieses humorvolle Weisheitsbüchlein hilft, die oft unerträglichen Situationen unseres Lebens zu verkraften, und dass es uns Allen Mut verleiht. Wir müssen wissen: Unsere heutige Welt ist nicht mehr die Welt unserer Vorväter, und auch nicht die Welt der Nachwehen der 1939-1945er Jahre des Zweiten Weltkriegs. Sie sollte vielmehr eine neue und liebenswerte Welt nicht nur unserer Generation werden! Dieses Buch kann zu jedem Anlass gelesen werden. Es ist nicht nur dazu geschrieben, weiser, glücklicher und nachdenklicher zu machen, sondern soll auch in schwieriger Zeiten Orientierung schenken.
Es soll uns befähigen, Schwierigkeiten zu bewältigen und zu ertragen, uns motivieren unsere Lebensqualität zu verbessern und unser Leben positiv zu gestalten: Stets sollten wir mit guten Werken beschäftigt sein, nach Glück und

innerem Frieden trachten, und so oft wie irgend möglich fröhlich gestimmt sein. Auch wenn jeder Tag seine eigene Last mit sich bringt, und das Leben nicht immer so rosig erscheint, wie wir es uns wünschen. Es ist mir wichtig, zu erwähnen, dass ich nunmehr seit drei Jahren diese Weisheiten und Anekdoten sammle, die schließlich zu diesem Buch geführt haben. Nur so viel dazu: Viele der psychologischen und philosophischen Zitate und inspirierenden Stellen sind meinem persönlichen Tagebuch und meinen anderen veröffentlichten und unveröffentlichten Werken entnommen. Ich habe den Inhalt nach verschiedenen Themen sortiert, um die Orientierung zu erleichtern.

Dabei habe ich mich bemüht, den Text so zu strukturieren, dass der Leser mühelos jene Passagen findet, die ihm in seiner gegenwärtigen Situation hilfreich sein können.

Ernste Würdenträger und prominente Humoristen haben mich dabei ermutigt. Mein Dank richtet sich an alle, die aus dem Reichtum ihrer Weisheit zu diesem Buch beigetragen haben. Darunter Seiner Gnaden, Hochwürdigsten Dr. Jude M. T. Okolo, Prof. Dr. Sigmund Bonk und Prof. Dr. Francis A. Oborji, die die Vorworte verfasst haben. Danken möchte ich dem Lektorat, Bernharda Brunner, Paul Hellwig und Rudolf Maas.

Mein besonderer Dank gilt Kardinal Francis Arinze, Erzbischof Dr. Valerian Okeke und Prof. Dr. Bischof Ludwig Müller, die mich in Forschung und Veröffentlichungen gefördert haben. Dafür lieben und herzlichen Dank! Und nicht zuletzt danke ich mit diesem Buch natürlich auch meinem Verleger Horst Wörner und seinem Team für die gute Zusammenarbeit.

Lobend erwähnen möchte ich auch die zu Rate gezogenen Musterbücher, darunter „The Pocket Book of Wisdom“ von Rajendra Pillaai; „The Treasury of Clean Church

Jokes, Fun and Nonsense, Wit and Sarcasm“ von William Collins und George Mikes; „Humor in Memoriam“-mit Erlaubnis von Routledge Press und Kegan Paul (U.K., E.C. Mackenzie, 14000.; „The Last Official Irish Joke Book“ und „The Liberty of Laughter“ von Larry Wilde; „Tales Worth Telling: Quips and Quotes for Writers and Speakers“ von G. D. James; Anekdoten von Pater Tony Kadavil (Vereinigte Staaten) und Judson K. Cornelius (Bandra, Mumbai. und „The Treasury of Humor and Toastmaster's Handbook: The Laugh's on Me“.
Herzlicher und aufrichtiger Dank auch an alle, die hier keine namentliche Erwähnung finden, aber in meinem Herzen ihren festen Platz haben. Bei urheberechtlichen Ansprüchen bitte ich ggf. um Benachrichtigung an den Verlag und bitte das Versehen zu entschuldigen.
Ich grüße meinen Freundeskreis zu Hause und im Ausland. Freunde haben mich ermutigt und angespornt, dieses Buch zu veröffentlichen.
Schließlich danke ich auch Ihnen, meinen Lesern. Ich hoffe, Sie werden sich an diesem Buch mit Ihren Verwandten, Freunden und anderen Wohlgesinnten erfreuen!

Vielen Dank an Sabrina und Florian Ebering, Inhaber des Verlagshauses Schlosser für Ihre Unterstützung bei der Veröffentlichung.

Pfr. DDr. Joe-Barth Abba, (Autor, Deutschland)

Teil I

Inspirierende Zitate:

Gruppe 1: Inspirierendes
Autorität, Erziehung, Glaube, Familie, Freiheit, Freundschaft, Gott, Lebensfreude, Gesundheit, menschliche Würde, Gesetz, Führungsqualitäten, Liebe, Ehe, Klosterleben, Glaubensleben und Gesellschaft, Lebensfreude

Lebensfreude und menschlicher Ehrgeiz

1. Ein wahrer Freund ist ein Geschenk des Himmels.
Friedrich der Große

2. Gute Gesellschaft ist ein Segen; sie sorgt für Tugenden und rottet das Laster aus.
Christian Wohlfahrt

3. Ein kluger Mann arbeitet stets an der Verbesserung seiner Freundschaft.
Samuel Johnson (1709-1784), englischer Autor

4. Ein Mann mit einem guten Sinn für Humor wird schwerlich zur Hölle fahren.
G. K. Chesterton (1874-1936), englischer Autor

5. Hätten alle Menschen einen ausgeprägten Sinn für Humor, gäbe es keine Probleme in der Welt; wenn alle Länder bei ihren Auslandskonferenzen durch ihre besten Humoristen vertreten wären, gäbe es auch keine Kriege.
Lin Yutang (1895-1976), chinesischer Autor und Erfinder

6. Von allen Angelegenheiten und Prioritäten unseres Lebens sollten wir den Blick stets auf die Lebensfreude und die Erlösung richten.
Joe-Barth Abba

7. Geh nicht voran, ich werde nicht folgen. Folge mir nicht nach, ich werde dich nicht führen. Sei einfach an meiner Seite und sei mein Freund.
Albert Camus (1913-1960), französischer Schriftsteller und Philosoph

8. Ein fröhlich′ Herz ist ein ständiger Genuss.
Unbekannter Schriftsteller

9. Doch ein Lächeln sollte stets sauber und echt sein, so dass es das Herz des anderen erwärmt.
S. Perry

10. Jeder Mensch ist ein Buch. Man muss es nur zu lesen verstehen.
William Ellery Channing (1818-1901), amerikanischer Dichter

11. Wofür sollen wir leben, wenn nicht dafür, das Leben der anderen zu erleichtern?
George Eliot (1819-1880), englischer Schriftsteller

12. Ein Lächeln strahlt Freude aus. Es schickt seine Strahlen in das Dunkel und macht die Erde zu einem besseren Ort.
Autor unbekannt

13. Die frohen Botschaften, das fromme Leben und das Mitleid Papst Johannes Pauls II, des Dieners Gottes, sein aufopferndes Handeln und sein beständiger Aufruf zum Weltfrieden, zur Einheit, zur Menschenwürde und zur Achtung vor dem Leben – all das hat viele Nationen dieser Welt erreicht.
Viele dieser Länder hat er selbst besucht. Viele Menschen anderswo haben ihn entweder gehört, seine großartigen Weisheitsbücher gelesen, oder seine guten Werke und sein beispielhaftes Leben gesehen.
Joe-Barth Abba

14. Ein guter Freund sollte gerade dann zu einem stehen, wenn einen die Welt verlassen hat.
Autor unbekannt

15. Tu dein Bestes, um einen guten Freund zu trösten, der am Boden zerstört ist. Er wird sich immer an einen solchen Dienst erinnern.
Joe-Barth Abba

16. Großartiges wird nicht durch Kraft erreicht, sondern durch Ausdauer.
Samuel Johnson (1709-1784), englischer Schriftsteller

17. Sei gut und wohlgelaunt zu den Menschen, aber wisse in aller Bescheidenheit: Das menschliche Leben ist seltsam und unverständlich.
Bernhard Blankenhorn, OP

18. Nicht die Bildung, sondern den Charakter hat ein Mensch am nötigsten; der Charakter ist es, was ihn am meisten schützt.
Herbert Spencer (1820-1903), englischer Philosoph und klassisch-liberaler Polittheoretiker

19. Die Nächstenliebe lädt eine Hure zum Essen ein.
Warren Beatty, amerikanischer Schauspieler

20. Dort, wo wir uns daran erinnern, dass Gott mit uns ist, ist unser Leben stets voll Frieden und Lebensfreude.
Francis A. Arinze

21. Egal, wo du im Leben auch bist: Erinnere dich daran, woher du gekommen bist. Nimm dir Zeit, die Menschen deiner Umgebung zu besuchen, und sei stets dankbar für die Art und Weise, in der sie dein Leben mitgestaltet haben.
Joe-Barth Abba

22. Der einzige Weg, einen Freund zu finden, besteht darin, selbst einer zu sein.

Ralph Waldo Emerson (1803-1882), amerikanischer Essayist, Philosoph und Dichter

23. Das Herz eines Menschen erreichst du sehr leicht – mit einem aufrichtigen Lächeln auf deinem offenen Gesicht.
Joe-Barth Abba

24. In der Liebe musst du an den geliebten Menschen glauben, in der Freundschaft ihn verstehen.
Abel Bonnard (1883-1968), franz. Dichter, Romanautor u. Politiker

25. Freundschaft vermehrt Freude und verringert Leid.
Henry George Bohn (1796-1884)

26. Denn der Wille und nicht die Gabe macht den Geber.
Gotthold E. Lessing (1729-1781), deutscher Schriftsteller und Philosoph

27. Ein treuer Freund ist eine lebenspendende Arznei.
Jesus Sirach 6,16

28. Sehnst du dich nach Herzensfreunden, dann zeige dich den Menschen täglich von deiner besten Seite.
Peter Pelzer

29. Man muss zuerst arm sein, um den Luxus des Gebens zu erkennen.
George Eliot (1819-1880), engl. Schriftsteller

30. Bei jeder erfreulichen Gelegenheit sollte man nicht vergessen zu lächeln, zu lachen, zu loben und zu danken. Solche Momente verschaffen unserer Seele Frieden.
Joe-Barth Abba

31.Niemals war ein Feind Gottes zugleich wahrer Freund des Menschen.
Edward Young (1681-1765), englischer Dichter

32. Wer Freude finden will, muss sie teilen. Das Glück ist

als Zwilling zur Welt gekommen.
Lord Byron (1788-1827), britischer Dichter

33. Freundschaft ist manchmal das Phänomen großer Freuden und Verwicklungen.
Joe-Barth Abba

34. Glücklich sein ist ein Geheimnis wie die Religion. Man sollte es niemals rational erklären.
G. K. Chesterton (1874-1936), englischer Schriftsteller

35. Sei freundlich und lächle die Menschen an. Nimm bescheiden Anteil an ihren Persönlichkeiten.
Das ist eine ganz eigene Arznei; sie kann viele Wunden heilen und Frieden und großen Segen bringen.
Rosa Maria und Karl Hauber

36. Die besten Freunde eines Menschen sind seine zehn Finger.
Robert Collyer (1823-1912), amerikanischer Geistlicher

37. Geduld ist der Weisheit Begleiter.
Augustinus von Hippo (354-430), Bischof von Hippo, Philosoph und Theologe

38. Der Mann, der die meisten Streitgespräche gewinnt, verliert die meisten Freunde.
William Ward (1921-1994), Autor des Buches Inspirational Maxims

39. Gott weiß, weshalb Er mich geschaffen und am Leben erhalten hat. Das Allerbeste, was ich Ihm schulde, ist, auf ewig bei Ihm zu bleiben.
Joe-Barth Abba

40. Nicht die annehmbarsten Ratschläge erteile deinem Freunde, sondern die nützlichsten.
Henry Theodore Tuckerman (1813-1871), amerikanischer Schriftsteller

41. Frohmut ist kein Hindernis für ein gutes Leben.
Aristipp von Kyrene (435-356 v. Chr.), griechischer Philosoph

42. Heiterkeit und Zufriedenheit verschönern ungemein – und bewahren gutes Aussehen.
Charles Dickens (1812-1870), britischer Schriftsteller

43. Die Armen und Niedergeschlagenen zu schützen – das sind keine rivalisierenden Ursachen, sondern sollte moralische Priorität für alle Menschen bedeuten.
Peter Takeo Okada

44. Der sicherste Weg zum Versagen ist der mangelnde Entschluss, erfolgreich zu sein.
Richard Brinsley Sheridan (1751-1816), englischer Dramatiker und Staatsmann

45. Es ist eine Seite, reich zu sein. Eine andere Seite ist es, glücklich zu sein und sich Tag und Nacht eines guten Gewissens zu erfreuen.
Joe-Barth Abba

46. Inmitten von Sünden kann echte, lebendige Freundschaft nicht bestehen bleiben.
Thomas von Aquin (1225-1274), römisch-katholischer Priester, Philosoph und Theologe

47. Nimm dir Zeit für die von Sorge Geplagten – schon morgen könnte das dein Los sein.
Joe-Barth Abba

48. Fürchte dich nicht, wenn notwendig, einen großen Schritt zu tun. Man kann keinen Abgrund mit zwei kleinen Sprüngen überwinden.
David L. George (1863-1945), britischer Politiker

49. Der Liebe bestes Gewand ist eine besänftigende Zunge.
William Shakespeare (1564-1616), englischer Dichter und Dramatiker

50. Glück ist ein herrliches Gut - je mehr man davon weiter gibt, desto mehr hat man selbst.
Voltaire (1694-1778), französischer Schriftsteller und Philosoph

51. Freundschaft ist ein kostbarer Schatz.
Gabriele und Günter Preidt

52. Das sicherste Zeichen der Weisheit ist Heiterkeit.
Michel de Montaigne (1533-1592), französischer Essayist

53. Was die Freundschaft anbelangt, sollte man sich stets nach langjährigen, echten Freunden umsehen, statt nach trügerischen Begleitern.
Michael Magee

54.Was mich so stört, ist nicht, dass du mich angelogen hast, sondern dass ich dir jetzt nicht mehr glauben kann.
Friedrich Nietzsche (1844-1900), Deutscher Philosoph und Philologe

55. Wir streben alle nach dem Glück, aber manche von uns scheinen sich davor zu fürchten, dass ein Lachen ihnen eine Million Dollar kosten könnte.
Joe-Barth Abba

56. Ich kann einen Charakter am Vertrauen beurteilen, das ich jemandem entgegenbringe, der absolut nichts für mich tun kann.
Autor unbekannt

57. Um mit einem Mann glücklich zu werden, musst du ihn gut verstehen und ihn auch ein wenig lieben. Um mit einer Frau glücklich zu werden, musst du sie sehr lieben – und auf keinen Fall versuchen, sie zu verstehen.
Helen Rowland (1875-1950), amerikanische Journalistin und Humoristin

58. Sich zu treffen ist ein Anfang. Zusammenbleiben ist Fortschritt. Zusammenarbeit ist Erfolg.

Henry Ford (1863-1947), Gründer der Ford Motor Company

59. Eine Freundschaft sollte in schicklichem Anstand und menschlicher Anteilnahme bestehen, denn eine gute Freundschaft sollte nicht nur lange Zeit bestehen, sondern für immer sein.
Joe-Barth Abba

60. Ein Freund ist eine Seele, die in zwei Körpern wohnt.
Aristoteles (384-322 v. Chr.), griechischer Philosoph

61. Zu viele Freunde ruinieren dich; einige wenige gute sind genug.
Joe-Barth Abba

62. Echte Freundschaft verpflichtet uns stets zu gegenseitiger Unterstützung – egal, ob in freudigen oder sorgenvollen Momenten.
Joe-Barth Abba

63. Ein herzliches Lachen lässt die Sonne ins Haus.
William Makepeace Thackeray (1811-1863), englischer Romanschriftsteller

64. Gute Laune – ob echt, vorgetäuscht oder fingiert - ist Liebenswürdigkeit an sich.
Antonio Sanz, CMF

65. Trachte in allem nach Vorzüglichkeit. Darin liegt wahre Größe !
Rosita Wuestner

66. Jeder Moment der Freude hat seinen kummervollen Begleiter.
Autor unbekannt

67. Ein guter Mensch gleicht einer Blume, die den ganzen Tag in der Sonne blüht.
Joachim Meisner

68. Törichte Freunde sind schlimmer als weise Feinde.
Gautama Buddha (563-483), Begründer des Buddhismus

69. Triffst du jemand, der kein Lächeln auf seinem Gesicht hat, dann lächle ihm selbst aufrichtig und liebevoll zu.
Joe-Barth Abba

70. Kopf hoch und lächeln! Wenn du in Gottes Gnaden stehst, weshalb solltest du da traurig dreinsehen?
Autor unbekannt

71. Drei Dinge haben mir die Lebensfreude stets vergrößert: Meine stillen Momente mit dem Herrn im Heiligen Sakrament; meine ehrlichen, andauernden und guten Beziehungen zu verschiedenen Menschen, die der Aufmerksamkeit bedürfen, und mein Stift, der mich dazu drängt, meine täglichen Gedanken der Nachwelt zu hinterlassen.
Joe-Barth Abba

72. Die Freude in der Welt fällt mit der Abnahme des Gebets. Wäre das Gebet Teil des täglichen Lebens in der Welt, wie das einmal der Fall war, so fänden die Menschen Freude im Dienst am anderen, ja sogar im Leiden füreinander.
Dom Hubert Van Zeller (1905-1984), Benediktinermönch, Schriftsteller und Philosoph

73. Echte Freundschaft ist ein kostbares Geschenk; sie ist ein Schatz, den gerade das demütige Herz am nötigsten hat.
Joe-Barth Abba

74. Glück ist nichts, das einem widerfährt, sondern etwas, dessen man sich erinnert.
Oscar Levant (1906-1972), amerikanischer Pianist, Komponist und Schriftsteller

75. Nie kann sich ein Mensch schöner kleiden als mit einem Lächeln, denn das Lächeln verleiht Schönheit und Stärke und dient dazu der Gesundheit.
Karl-Heinz Stock

76. Ein echter Freund lebt in deinem Herzen – auch wenn er schon gestorben ist.
Joe-Barth Abba

77. Schätze alle deine glücklichen Momente – sie bereiten deinem Alter ein angenehmes Kissen.
Christopher Morley (1890-1975), amerikanischer Journalist, Romanschreiber und Dichter

78. Der süße Klang der Harfe und der Flöte bilden zusammen mit der alten Tonart der gregorianischen Gesänge einen angenehmen Anreiz zum Gebet.
Ein Benediktinermönch

79. Der Gipfel menschlichen Glücks findet sich in der kontemplativen Einkehr.
Josef Pieper, deutscher katholischer Philosoph und Schriftsteller

80. Die Heilige Schrift wird für alle Zeit der Schlüssel all unserer geistlichen Bücher bleiben.
Joe-Barth Abba

81. Das Kurze, wenn gut, ist doppelt gut.
Baltasar Gracián (1601-1658), spanischer Aphoristiker

82. Das Lachen schafft die kürzeste Distanz zwischen zwei Menschen.
Victor Borge (1909-2000), Dänischer Komödiant, Entertainer und Pianist

83. Die Bibel ist nicht nur eines jener Bücher, die man lesen muss, sie ist auch das Wort Gottes, über das man meditieren und das gelebt werden muss, will man geist-

lich wachsen.
Jean Sylvian Emien

84. Sei fröhlich. Dies ist ein Weg, klug zu sein.
Colette (1873-1954), Französische Romanschriftstellerin

85. Ein guter Freund ist der größte Trost in allem, was du brauchst.
P. Bosmans

86. Treue und ergebene Arbeit ist das Fundament menschlichen Fortschritts.
Wilfrid F. Napier

Erziehung, Freiheit und Geduld

1. Der Mensch wird frei geboren und liegt doch überall in Ketten.
Jean Jacques Rousseau (1712-1778), französischer Philosoph und Schriftsteller

2. Universitäten sind Wissensburgen; die Erstsemester bringen ihr Wissen ein, die Alten lassen ihr Wissen zurück – so mehrt sich dort Wissen.
Abbot Lawrence Lowell (1856-1943).

3. Ziel der Bildung ist die Formung des Charakters.
Herbert Spencer (1820-1903), englischer Philosoph und Polittheoretiker

4. Es ist sehr schade, dass heute einige Menschen unwissentlich mehr dem Wohlstand als der Bildung Anerkennung zollen.
Hermann- Josef Ludwig

5. Ein Bruchstück Erkenntnis um erhabene Dinge ist wertvoller als alles Wissen über Banalitäten.
Thomas von Aquin (1225-1274), römisch-katholischer Pries-

ter, Philosoph und Theologe

6. Der Preis der Größe ist die Verantwortung.
Winston Churchill (1874-1965), brit. Premierminister u. Politiker

7. Die unterdrückte Wahrheit wird sich wieder erheben. Wie lange wird das dauern? Nicht lange, denn keine Lüge lebt lange. Wie lange? Nicht lange, denn du erntest, was du gesät hast. Wie lange? Nicht lange, denn der Arm des moralischen Universums ist lang, aber er stützt sich auf die Gerechtigkeit.
Martin Luther King, Jr. (1929-1968), amerikanischer Geistlicher und Bürgerrechtler

8. Der Geist ist wie ein Spiegel: Halte ihn stets sauber und erlaube keinem Staubkorn, sich auf ihm festzusetzen.
Yuquan Shenxiu (606-706 n. Chr., Meister des Zenbuddhismus

9. Unter allen menschlichen Bestrebungen ist das Streben nach Weisheit am vollkommensten, am edelsten, am nützlichsten und am erfreulichsten.
Thomas von Aquin (1225-1274), römisch-katholischer Priester, Philosoph und Theologe

10. Manchmal geht unser Licht aus, wird aber von einem anderen wieder entfacht. Jeder von uns ist den Menschen zu tiefstem Dank verpflichtet, die das Licht in ihm erneut entfacht haben.
Albert Schweitzer (1875-1965), Deutscher Theologe, Philosoph und Arzt

11. Gehorsam ist eine Grundsatzfrage, keine Frage der Person.
Winfrid Herbst (1891-1988), kathol. Priester und Schriftsteller

12. Verbindet sich der Gedanke nicht mit der Absicht, wird er nichts weiter Sinnvolles erreichen.
James Allen (1864-1912), britischer Philosoph und Dichter

13. Unser Fortschritt als Nation kann nicht schneller vor sich gehen, als unser Fortschritt in Sachen Bildung.
John F. Kennedy (1917-1963), dreiundfünfzigster Präsident der Vereinigten Staaten

14. Die Geschichte macht den Menschen klug, den Dichter geistreich, den Mathematiker scharfsinnig, den Naturphilosophen tiefgründig, die Sittlichkeit ernst; und die Logik und Rhetorik stark im Argumentieren.
Francis Bacon (1561-1626), englischer Philosoph, Politiker und Schriftsteller

15. Die Schönheit des Wissens soll in der Fähigkeit bestehen, es weiterzu vermitteln.
Joe-Barth Abba

16. Die Weisheit weiß, was als nächstes zu tun ist. Die Fertigkeit weiß, wie es zu tun ist. Die Tugend dagegen tut es.
Thomas Jefferson (1743-1826), dritter Präsident der Vereinigten Staaten

17. Das Genie findet seinen eigenen Weg und sorgt für sein eigenes Licht.
Robert Aris Willmott (1809-1863), englischer Schriftsteller

18. Genie ist nichts anderes als beständiges Aufmerken.
Claude Adrien Helvétius (1715-1771), französischer Philosoph

19. Das Genie gibt das Beste immer zuerst, die Klugheit zuletzt.
Johann Caspar Lavater (1741-1801), Schweizer Dichter

20. Genie ist ein Prozent Inspiration und neunundneunzig Prozent Schweiß.
Thomas A. Edison (1874-1931), amerikanischer Erfinder und Geschäftsmann

21. Der Luxus, Gutes zu tun, übertrifft jedes andere per-

sönliche Vergnügen.
John Gay (1685-1732), englischer Dichter und Dramatiker

22. Was nicht geheilt werden kann, muss ertragen werden.
William Langland (1360-1387), englischer Schriftsteller

23. Keine Eile! Keine Sorge! Du bist hier nur kurz zu Besuch. Vergiss also nicht, Einkehr zu halten und an den Rosen zu riechen!
Walter Hagen (1892-1969), amerikanischer Profigolfer

24. Wenn ein Mann nicht mit dem zufrieden ist, was er sich erwartet hat oder bereits besitzt, so wird er auch nie zufrieden sein, wenn er erlangt, was er erstrebt.
Joe-Barth Abba

25. Haben Sie Erkenntnis? Dann lassen Sie andere ihr Licht daran entzünden.
Margaret Fuller (1810-1850), amerikanische Journalistin und Frauenrechtlerin

26. Geduld ist der Weisheit Begleiterin.
Augustinus von Hippo (354-430), Bischof,, Philosoph und Theologe

27. Warten können ist das große Geheimnis des Erfolgs.
Joseph de Maistre (1753-1821), französischer Rechtsanwalt, Diplomat und Philosoph

28. Beweise Geduld in allem, zu allererst aber mit dir selbst.
Franz von Sales (1567-1622), römisch-katholischer Bischof von Äthiopien

29. Geduld ist bitter, doch seine Frucht ist süß!
Jean Jaques Rousseau (1712-1778), französischer Philosoph und Schriftsteller

30. Ein stolzes Leben ist windige Nahrung.
R. H. Benson

31. Diplomatie ist auch eine Art sanfter Höflichkeit, die Wahrheit zu sagen, ohne die Ruhe zu erzwingen oder die Gefühle eines anderen zu verletzen.
Jude M. T. Okolo

32. Die Neugier, die sich um das kümmert, was sie nichts angeht und dabei außer Acht lässt, was einen selbst betrifft, ist lächerlich.
Plato (428-347 v. Chr.), griechischer Philosoph u. Mathematiker

33. Um alle zu erziehen, müssen alle mithelfen.
Eleanor Renée Rodriguez, amerikan. Erzieher u. Schriftsteller

34. Es zählt nicht, was du weißt, sondern das, was du anderen zu ihrem Besten mitteilen kannst.
Joseph Bonnici

35. Der Mensch ist seinem Schicksal nicht zur Gänze unterworfen.
Autor unbekannt

36. Es gibt drei Arten von Menschen: Jene, die Dinge bewirken, jene, die zusehen und jene, die nicht verstehen, was geschieht.
Autor unbekannt

37. Egal wie sehr wir uns unseres Daseins rühmen und es rechtfertigen -immer sollten wir daran glauben, dass es da einen Schöpfer gibt, den lebendigen Gott und Urheber allen Wissens.
Joe-Barth Abba

38. Kluge Weise reden, weil sie etwas zu sagen haben, Narren dagegen, weil sie irgendetwas sagen müssen.
Plato (438-347 v. Chr.), griech. Philosoph u. Mathematiker

39. Unseriöse Studenten auf den Universitäten gehören Geheimkulten oder Bruderschaften an, beteiligen sich an okkulten Praktiken oder betrachten das Universitätsleben

einzig als Welt der Freiheit und des Vergnügens.
Charles A. Igwe

40. Der Mensch ist Hausherr, Verwalter und Mieter seiner eigenen Welt. Wohin immer er geht, nimmt er seine Würde und Schande mit sich.
Joe-Barth Abba

41. Ein guter Lehrer wird sich stets die Zeit nehmen, seine promovierenden Studenten zur guten Ausführung der ihnen übertragenen Agenden an¬zuhalten.
Joost van Loon

42. Jeder Dienst oder jede Pflicht, gut ausgeführt, schenkt nicht nur Freude und Ermutigung, sondern zieht den Segen Gottes noch stärker an.
Joe-Barth Abba

43. Eine aufsteigende und fortschrittliche Nation muss ihrer qualitativen Bildungspolitik sorgfältig und mit allem Einfallsreichtum Rechnung tragen.
Stephen Joseph Harper, 22. Premierminister Kanadas

44. Alles was ich bin oder zu sein hoffe, verdanke ich meiner Mutter.
Abraham Lincoln (1809-1865), sechzehnter Präsident der Vereinigten Staaten

45. Sei geduldig mit allen, die du kennenlernst und suche sie zu verstehen. Diese Geduld ist die wahre Eigenschaft der Liebe.
Joe-Barth Abba

46. Eine Kerze verliert nichts, wenn sie eine andere entzündet.
James Keller (1900-1977), römisch-katholischer Priester und Gründer von„ The Christophers“

47. Bildung ist ein Prozess, der einen befähigt, jenseits

und über das Wissen anderer Religionen hinweg anderen Menschen mit Aufmerksamkeit und Respekt zu begegnen.
Charles Heerey (1890-1967), afrikanisch-nigerianischer Missionar, Philosoph und Theologe

48. Demut ist schön anzuschauen, der Versuch, selbst demütig werden zu wollen, ist dagegen sehr schmerzhaft.
Basil Hume (1923-1999), engl. Prälat der röm.-kath. Kirche

49. Kirche und Staat sollten stets besonderes Augenmaß auf die Bildung der Jugend für eine bessere Welt legen.
Franz Jung

50. Die Versuchung lacht den Narren aus, der sie ernst nimmt.
Die Chofetz Chaim Heritage Foundation, gemeinnützige, jüdisch-orthodoxe Organisation

51. Etwas geduldiges Lernen löst viele Probleme. Habe ein wenig Geduld, dieses himmlische Glück selbst zu erleben!
Joe-Barth Abba

52. Niemand kann Dir ein Minderwertigkeitsgefühl aufzwingen ohne Deine Bereitschaft dazu.
Eleanor Roosevelt (1884-1962), First Lady der Vereinigten Staaten (1933-1945)

53.Verschwende deine Zeit nicht mit Erörterungen, wie ein guter Mensch beschaffen sein sollte - sei selbst einer!
Mark Aurel (121-180), römischer Kaiser

54.Die Kunst weise zu sein, ist die Kunst, zu wissen, was man übersehen kann.
William James (1842-1910), amerikan. Psychologe u. Philosoph

55. Qualifizierte Ausbildung ist der Schlüssel zum Erfolg einer jeden Erfolg versprechenden und fortschrittlichen Nation.
Joe-Barth Abba

56. Der erste Schritt zur Erkenntnis ist die Einsicht der eigenen Unwissenheit.
Lord David Cecil (1902-1986), englischer Literaturprofessor und Biograph

57. Die gute Verwaltung in jeder Institution erfordert großen Fleiß und Voraussicht verbunden mit der Zusammenarbeit und dem einheitlichen Ziel des anderen.
Daniel Gulden.

58. Obwohl man eine Prüfung durch Zufall bestehen kann, macht sich hartes Studium zur Wissensgewinnung bezahlt, denn Erfolg ohne Schweiß lässt nicht nur seinen guten Geschmack vermissen, sondern führt zu erfolgreichen Hohlköpfen.
Hubert Berger

59. Höflichkeit ist der Anfang der Freundschaft. Unvoreingenommenheit erkennt, dass alle Menschen Kinder Gottes sind, die die gleiche Rücksicht und Behandlung verdienen, die du selbst erwartest.
Marvel Malts

60. Freiheit und gerechte Herrschaft – diese beiden Blumen sollten in allen Ländern der Welt und zur Ehre Gottes gedeihen!
Chamberlain S. Peterside

61. Selbstachtung ist der Eckstein jeglicher Tugend.
John Herschel (1792-1871), englischer Mathematiker, Astronom und Erfinder

Macht und Führungsqualitäten

1. Politik ist nicht einfach Karriere. Sie ist ein Aufruf zum Dienen.
Asan P. Asan

2. Macht ohne Weisheit gleicht einer schweren Axt ohne Schneide; man kann damit zerquetschen, aber nicht schneiden.
Anne Bradstreet (1612-1672), Amerikanischer Schriftstellerin und Dichterin

3. Begeht ein Gewinner einen Fehler, sagt er „Ich habe einen Fehler gemacht". Begeht ein Verlierer einen Fehler, sagt er: „Nicht meine Schuld".
Autor unbekannt

4. Alles beginnt im Mystizismus und endet in der Politik.
Charles Péguy (1873-1914), Franz. Dichter und Essayist

5. Ein guter Führer einer Nation sollte immer diplomatisch und kraftvoll sein. Er sollte die Tatsache respektieren, dass inmitten menschlicher Leidenschaft die Willenskraft steht.
Joe-Barth Abba

6. Schlechte Regierungsführung kommt zustande, wenn die Bürger auf ihren Händen sitzen, statt auf den Beinen stehen.
Ricahard Kraczkowski

7. Erst in Zeiten großer Schwierigkeiten entfalten große Nationen wie auch große Männer die ganze Energie ihres Charakters, und erst dadurch widerfährt ihnen die Bewunderung der Nachwelt.
Napoleon Bonaparte (1769-1821), französischer Staatsmann und Heerführer

8. Macht ist ein verrücktes Aphrodisiakum: Sie macht den Menschen blind gegenüber seinen Fehlern und bewirkt eine verdrehte Sichtweise eigener Wichtigkeit und Position.
Dele Giwa (1947-1986), nigerian. Journalist und Schriftsteller

9. Niemand ist so ausgezeichnet, als dass er die Herrschaft über andere ohne deren Zustimmung ergreifen dürfte.
Abraham Lincoln (1809-1865), siebzehnter Präsident der Vereinigten Staaten

10. Ein guter Führer sollte ein Vorbild an Güte und Kennzeichen eines aufrichtigen Charakters sein.
Seine Herrschaft soll sich durch beispielhaft-gute Handlungen und nicht durch bloße Worte, Selbstsucht und ein skandalöses Leben zeigen.
Bernd Huber

11. Jeder Mensch auf Erden ist eine Macht für sich – seine Macht entspringt seiner Vernunft. Das Denken gebiert die Idee, und Ideen beherrschen die Welt.
Günter und Gabi Preidt

12. Für gewöhnlich gewinnt eine Nation ihre Jugend im politischen Krankenbett zurück und findet dort auch erneut den Geist, den sie allmählich auf ihrer Suche nach Macht und deren Erhalt verloren hat.
Friedrich Nietzsche (1844-1900), deutscher Philosoph und Philologe

13. Politisches Geschick ist zum einen die Fähigkeit vorherzusagen, was morgen, nächsten Monat und nächstes Jahr geschehen wird. Zum anderen ist es die Fähigkeit, später zu erklären, warum alles ganz anders gekommen ist.
Winston Churchill (1874-1965), britischer Premierminister

14. Die Politiker sind überall gleich: Sie versprechen, eine Brücke zu bauen, wo sich gar kein Fluss befindet.
Thomas Huth

15. Die Strafe der Klugen, die sich nicht an den Regierungsgeschäften beteiligen wollen, besteht darin, dass sie unter der Regierung schlechterer Männer zu leiden haben.
Plato (428-347 v. Chr.), griech. Philosoph u. Mathematiker

16. Führung ist mehr eine Sache der Kunst, der Überzeugung und des Herzenszustands als eine Anreihung von Handlungen.
Die sichtbaren Zeichen kunstvoller Führung zeigen sich letztlich in der Praxis.
Max De Pree, amerikanischer Schriftsteller

17. Wer den lebendigen Gott von Angesicht zu Angesicht erblicken will, der suche Ihn nicht am leeren Sternenhimmel seines Geistes, sondern in der menschlichen Liebe.
Fjodor Dostojewski, russischer Schriftsteller und Philosoph

18. An einer langen Diskussion erkennt man, dass beide Parteien im Unrecht sind.
Voltaire (1694-1778), franz. Schriftsteller und Philosoph

19. Nur ein gebildeter, wohlgenährter, guter, disziplinierter, gottesfürchtiger und besonnener junger Mann kann qualifiziert genug sein, ein vernünftiges Land zu regieren.
Joe-Barth Abba

20. Ein guter Herrscher sollte nicht nur nach Aufrichtigkeit, Fleiß und Vorausschau streben, sondern stets daran denken, dass Gott die Quelle aller Autorität ist.
Joe-Barth Abba

21. Eine glückliche Familie ist ein Vorgeschmack auf den Himmel.
John Bowring (1792-1872), englischer Politökonom und vier-

ter Gouverneur von Hong Kong

22. Eine gute Familie vermittelt ihren heranwachsenden Kindern große Hoffnung.
Klaus Fischer

23. Niemand regiert sicher, der sich nicht auch gerne unterordnet.
Thomas à Kempis (1380-1471), römisch-katholischer Mönch und Schriftsteller

24. Die Regierung soll dem Wohl der Bürger dienen, denn wer andere beherrscht, besitzt Macht einzig zur Wohlfahrt des Staates.
Leo XIII (1810-1903), Papst der Römisch-katholischen Kirche

25. Das Wesen der Ehe ist die Liebe, die Demut und das standhafte Durchhaltevermögen um des göttlichen Schutzes der Familie willen.
Jonas Benson Okoye

26. Nichts ist an einem Mann von heiligem Aussehen verdächtiger als das ungeduldige Verlangen, andere zu verbessern.
Thomas Merton (1915-1968), röm.-kath. Mönch, Dichter und Schriftsteller

27. Männer, deren Frauen nicht nörgeln, sind schon im Himmel.
John Heywood (1497-1580), englischer Schriftsteller und Dichter

28. Ein guter Ehemann sollte taub sein; eine gute Ehefrau blind.
Französisches Sprichwort

29. Menschen aus zerrütteten Familien und Ehen sollten zur Wiederherstellung des Friedens und des Verstehens die Aufmerksamkeit und das Mitgefühl all ihrer Verwand-

ten und Christen um sie herum erregen.
Anthony Nwedo (1912-2000), nigerianischer römisch-katholischer Bischof, Philosoph und Theologe

30. Nichts altert so wie die Faulheit.
Edward Bulwer-Lytton (1803-1873), englischer Schriftsteller und Dichter

31. Wenn du den Passenden finden willst, heirate deinesgleichen.
Ovid (43 v. Chr. - 18 n. Chr.), römischer Dichter

32. Das eheliche Glück hängt davon ab, ob man bereit ist, heiter zu kleinen Opfern bereit zu sein.
John Selden (1584-1654), englischer Jurist und Gelehrter

33. Eigene Fehler verursachen oft großes Chaos, viel Bedauern und viel Enttäuschung. Sie können vielen anderen direkt oder indirekt Schaden zufügen.
Barr. Augustine I. Aroh

34. Ein Politiker wird alles tun, seine Position nicht zu verlieren. Notfalls wird er sogar Patriot.
William R. Hearst (1863-1951), amerikan. Zeitungsmagnat

35. Bevor du heiratest, sperre die Augen weit auf; danach senk deine Lider auf Halbmast.
Thomas Fuller (1608-1661), englischer Kirchenmann und Historiker

36. Die Ehe gleicht einer belagerten Festung: Wer draußen steht, will rein; wer drinnen ist, will raus.
Französisches Sprichwort

37. Nigeria ist Afrikas Riese: Er schwingt sich im festen Glauben seiner Einwohner an die Wertschätzung ihres gottgegebenen Wohlstands erhaben auf.
Joe-Barth Abba

38. Macht neigt zur Korruption; absolute Macht korrumpiert absolut.
Lord Acton (1834-1902), englischer Historiker

39. Eine funktionstüchtige und durchsetzungsfähige Leitung ist für jeden Staat wichtig, der sich am Prinzip des ‚Philosophen-Königtums' orientiert.
Hans Otto Seitschek

40. Ziehst du los, eine Frau zu suchen, so lass deine Augen zuhause und nimm beide Ohren mit.
Seumas MacManus (1869-1960), Irischer Schriftsteller

41. Ratlosigkeit, Unverantwortlichkeit, Nachlässigkeit und Nonchalance müssen in die Flucht geschlagen werden, damit die Einheit sichergestellt werden kann.
Markus und Johanna Vogt

42. Nigeria kann sich heute außerordentlich verändern, wenn es Führer entdeckt, die über Willen, Fähigkeit und Vision verfügen.
Chinua Achebe

43. Mögen wir uns in Stamm und Zunge unterscheiden – wir sind doch alle Brüder.
ehem. Nigerianische Nationalhymne

44. Ziel des Wissens ist die Charakterbildung.
Mahatma Gandhi (1869-1948), politischer und geistlicher Führer Indiens

45. Wenn uns die echten Anliegen unseres Landes tatsächlich am Herzen liegen, müssen wir uns stets die grundlegendste Frage stellen, was gute Staatsführung für das allgemein Gute bedeutet?
Thomas Huber

46. Ein guter Führer ist loyal, einfühlsam und hält an der Gesinnung fest, gut zu leben.

Cyprain Michael Iwene Tansi (1903-1964), römisch-katholischer Priester und Zisterziensermönch aus Nigeria

47. Jedes Land, das diesen Namen verdient, sollte zur Gewinnung des Friedens und größeren Fortschritts religiöse Krisen, Terror, Krieg und ethnische Diskussionen um alles in der Welt vermeiden.
Joe-Barth Abba

48. Eine glückliche Ehe ist die Vereinigung zweier guter Menschen, die einander vergeben.
Helen Border

49. Ehe besteht aus drei Ringen: dem Verlobungs-Ring, dem Ehe-Ring und dem Leidens-Ring.
Autor unbekannt

50. Der afrikanische Kontinent ist alt; er ist mit großen und begabten Männern und Frauen gesegnet – das ist auch alles, was er braucht, um seine Länder zum Erfolg zu führen.
Joe-Barth Abba

51. Das neue Nigeria sollte den Armen und Leidenden in seiner Mitte größere Aufmerksamkeit schenken.
Sylvester N. Madu

52. Auf einer Cocktailparty sagt eine Frau zu einer anderen: „Trägst du deinen Ehering nicht am falschen Finger?“ Die Angesprochene antwortet: „In der Tat, das tue ich. Ich habe den falschen Mann geheiratet“.
Autor unbekannt

53. Gott, da Du mich als Dein besonderes Werkzeug am Altar erwählt hast, erinnere mich täglich an meine priesterliche Pflicht:
Dein Volk braucht mich, seinen Glauben zu stärken. Hilf mir, geduldig mit ihm zu sein, damit ich es Dir näher bringen kann.

Ich weise diese Aufgabe nicht zurück.
Dein Wille, o Herr, ist meine Freude.
Joe-Barth Abba

54. Der Anfang aller Versuchung liegt in einem schwankenden Geist und in schwachem Gottvertrauen.
Thomas à Kempis (1380-1471), römisch-katholischer Mönch und Schriftsteller

55. Die spürbare und beständige Weiterentwicklung der Wirtschaft eines Landes ist ein großer Beweis für den Fleiß seiner Bürger.
Heiko Mass

56. Die Menschheit sollte immer bedenken: Am Beginn und am Ende der Weltgeschichte steht Gott.
Gebhard Fürst

57. Führung ist stets etwas Geheimnisvolles. Man kann sie in zwei Worten zusammenfassen: Intelligenz und Integrität, oder um zwei Synonyma zu gebrauchen: Fähigkeit und Charakter.
Rolf und Rico Rosenkranz

Gesellschaft und Rechtsstaatlichkeit
Inspirierendes

1. In politischen Psychosen müssen Vernunft und Menschenverstand den Instinkten, der Leidenschaft und den niedersten Gefühlen weichen.
Kari Marx

2. Wenn erst die Wächter von Gesetz und Ordnung gesetzlos werden, regiert die Anarchie.
Josef Schäfers

3. Gibt es kein Recht, was bedeutet dann Souveränität an-

deres als organisiertes Banditentum?
Augustinus von Hippo (354-430), Bischof von Hippo, Philosoph und Theologe

4. Barmherzigkeit ohne Recht ist der Anfang der Auflösung; Recht ohne Barmherzigkeit ist Grausamkeit.
Thomas von Aquin (1224-1274), römisch-katholischer Priester, Philosoph und Theologe

5. Sieben gesellschaftliche Todsünden: Prinzipienlose Politik, Wohlstand ohne Arbeit, Vergnügen ohne Gewissen, Wissen ohne Charakter, Wirtschaft ohne Moral, Wissenschaft ohne Menschlichkeit und Kultus ohne Opfer.
Mahatma Gandhi (1869-1948), polit. u. geistl. Führer Indiens

6. Je wohlhabender eine Gesellschaft, desto größer ist das Gefühl der Leere und Entfremdung unter den Menschen.
Billy Graham

7. Tu keinem Menschen etwas zuleide, noch weniger einem Kind: Du weißt nicht, was die Zukunft ihm bringt.
Joe-Barth Abba

8. Jedes neugeborene Kind ist ein Zeichen, dass Gott die Menschheit noch nicht verlassen hat.
Rabindranath Tagore (1861-1941), bengalischer Mystiker, Dichter und Schriftsteller

9. Das Leben eines Kindes gleicht einem Stück Papier, auf dem jeder seine Spuren hinterlässt.
Chinesisches Sprichwort

10. Die größte Charakterstärke besteht darin, Beschimpfungen zu überhören.
Autor unbekannt

11. Wer kämpft und wegläuft, lebt, um ein andermal zu kämpfen.
Jamaikanisches Sprichwort

12. Große Männer sind die Wegweiser und Wahrzeichen des Staates.
Edmund Burke (1729-1797), irischer Staatsmann, Schriftsteller und Philosoph

13. Die Welt, die ganze Menschheit sollte sich zum friedvollen Miteinander stets Gottes und der Religion besinnen.
Rudi Linz

14. Handle nicht so, als hättest du zehntausend Jahre abzutun. Wie nahe vielleicht ist dein Ende! Aber solange du lebst, so lange es in deiner Macht steht – sei gut!
Mark Aurel (121-180), römischer Kaiser
Gesellschaft und Rechtsstaatlichkeit

15. Ich sterbe lieber, bevor ich mein Gewissen belüge.
Dele Giwa (1947-1986), nigerianischer Journalist

16. Gesetze zu erlassen, die gegen die Wahrheit streiten, bedeutet ein wichtiges Moralprinzip aufzugeben, das wir zum Überleben brauchen.
Nigerianisches Sprichwort

17. Die Wahrheit ist groß und wird sich durchsetzen, wenn nur niemand dafür „sorgt", dass sie sich durchsetzt.
Coventry Patmore (1823-1896), engl. Dichter u. Kritiker

18. Wahrheit, Gerechtigkeit, Wohltätigkeit, Freiheit und ein Leben in Harmonie – das sind die Säulen einer friedfertigen Gesellschaft.
Dorothea Becher

19. Im Leben arbeiten manche für die Ehre, manche für Gewinn, aber nur wenige arbeiten für die Wahrheit; ich bin für letztere.
Pythagoras (580-572 v. Chr.), griechischer Mathematiker und Wissenschaftler

20. Nicht das, was jemand besitzt, ist von Bedeutung,

sondern das, was er für Gott und die Menschheit einsetzt.
Bernd Huber

21. Wenn man akzeptiert hat, was geschehen ist, hat man den ersten Schritt in Richtung Überwindung jeglichen Missgeschicks getan.
William James (1842-1910), amerikanischer Psychologe und Philosoph

22. Dein Moralgefühl darf dich nie vom richtigen Handeln abhalten.
Isaac Asimov (1920-1992),russisch-amerikanischer Biochemiker und Schriftsteller

23. Die guten Menschen sind deshalb gut, weil sie durch Fehler weise geworden sind.
William Saroyan (1908-1981), Amerikan. Dramatiker u. Schriftsteller

24. Wenn Gott eine Tür zumacht, öffnet Er ein Fenster für all jene, die es sehen können.
Gerald Horton Barth

25. Christen sollen starke und treue Verkünder sein, die den Weg des Herrn durch ihre guten Werke in der Welt bereiten.
Ehrenfried Schulz

26. Die Leute werfen nur nach den Bäumen Steine, die Früchte tragen.
Französisches Sprichwort

27. Kindermund spricht Wahrheit.
Joe-Barth Abba

28. Die Erziehung eines Kindes umfasst wesentlich mehr als nur den Schulabschluss. Für seine Zukunft bedarf es der richtigen Wegweisung durch Eltern und Lehrer.
Joe-Barth Abba

29. Kinder sind Gottes Apostel: Tag für Tag sind sie ausgesandt, Liebe, Hoffnung und Frieden zu predigen.
James Russell Lowell (1819-1891), amerikan. Dichter u. Diplomat

30. Des Lebens Sehnsüchte kommen in Gestalt der Kinder.
Rabindranath Tagore (1861-1941), bengalischer Mystiker, Dichter und Schriftsteller

31. Einem Freund zu vertrauen bedeutet nicht, an seine Vollkommenheit zu glauben. So etwas dürfen wir nie glauben, denn jeder begeht zuweilen Fehler.
Robert Hugh Benson (1871-1914), Erzbischof von Canterbury

32. Begegne einem Kind mit ein wenig Liebe, und es wird dir groß vergolten werden.
John Ruskin (1819-1900), brit. Schriftsteller u. Gesellschaftsphilosoph

33. Die Jugend ist ein Bündel von Möglichkeiten – man muss sie früh ermutigen, lenken und inspirieren.
Joe-Barth Abba

34. Ein ordentliches Stück Zivilisation ist dem Einfluss kluger Frauen zu verdanken.
Ralph W. Emerson (1803-1882), amerikanischer Essayist, Philosoph und Dichter

35. Wir müssen damit rechnen, dass in unserem Garten Unkraut wächst, aber wir müssen auch den Mut haben, es auszureißen.
Franz von Sales (1567-1622), röm-kath. Bischof v. Äthiopien

36. Die Toleranz, die sich ganz konkret in humanitären Diensten zeigt, wird zur beispielhaften Lösung für das Problem der Intoleranz.
Michael Genvers

37. Verzweiflung und Tod sind die schlimmsten Schrecken, die einen Menschen befallen können.
Bastian Volkamer

38. Manche Menschen sind auf eine unkluge Weise liberal. Sie machen lieber Geschenke, als dass sie ihre Schulden beglichen.
Philip Sidney (1554-1586), englischer Dichter, Höfling u. Soldat

39. Das Bekennen böser Werke ist der Anfang guter Werke.
Augustinus von Hippo (354-430), Bischof, Philosoph und Theologe

40. Besser, man bekennt seine Sünden, als dass man sein Herz verhärtet.
Clemens I.

41. Wer in Gefahr Mut beweist, hat die Schlacht schon halb gewonnen.
Plautus (254-184 v. Chr.), römischer Dramatiker

42. Verzögerte Gerechtigkeit ist verweigerte Gerechtigkeit.
William Gladstone (1809-1898), britischer Politiker und Premierminister

43. Möge die Gerechtigkeit obsiegen, und wenn die Welt dabei zugrunde geht.
Ferdinand I. (1503-1564), Kaiser des Heiligen. Röm. Reiches

44. Die Wirkung der Solidarität und des Dialogs ist Harmonie, Verständnis und Friede.
Bernard Weiß

45. Gerechtigkeit ist Wahrheit im Einsatz.
Benjamin Disraeli (1804-1881), britischer Politiker

46. Die Ausübung der Gerechtigkeit ist die stärkste Säule eines Staates.
George Washington (1732-1799), erster Präsident der Vereinigten Staaten

47. Als die Wahrheit geboren wurde, beschloss der Schöpfer, dass der Mensch seine Früchte auf immer genießen

sollte. Er sollte nun treu, wahrhaftig, ehrbar und zufrieden sein. Doch heute hassen die Menschen einander und legen sich Steine in den Weg; sie legen die Wahrheit nach ihrem eigenen Geschmack aus und führen weiterhin ein ungemütliches Leben in dieser schönen Welt.
Joe-Barth Abba

48. Gerechtigkeit ohne Großzügigkeit wird ganz leicht zur Gerechtigkeit eines Shylock.
Mahatma Gandhi (1869-1948), politischer und geistlicher Führer Indiens

49. Die Grundsätze des Rechts sind diese: Ein ehrbares Leben, niemanden verletzen und jedermann geben, was man ihm schuldig ist.
Justinian I. (482-565), byzantinischer Kaiser

50. Unter Waffen muss das Recht schweigen.
Cicero (106-43 v. Chr.), römischer Philosoph, Staatsmann und Polittheoretiker

51. Wo das Recht aufhört, beginnt die Tyrannei.
William P. Younger (1725-1806), britischer Politiker

52. Das Gesetz Gottes dient der Sicherheit des Menschen.
Amerikanischer Rechtsanwalt und Patriot

53. Es kann keine Befreiung vom Naturrecht geben, ausgenommen vielleicht dort, wo man zwischen zwei Übeln zu wählen gezwungen ist.
Gratian (359-383), weströmischer Kaiser

54. Liebe ist zuerst eine Überzeugung des Herzens. Sie ist der Entschluss, unbedingt, selbstlos und mit aller Kraft das Gute festzuhalten, das Anklang findet.
Joe-Barth Abba

55. Eine aufstrebende Nation braucht vor allem einen gebildeten, gottesfürchtigen und liebevollen Führer, dem

das allgemeine Gute der Bürger am Herzen liegt.
Albert Karl

56. Wir beurteilen uns nach unseren Möglichkeiten, die anderen dagegen nach unseren Taten.
Henry W. Longfellow (1807-1882), amerikanischer Erzieher und Dichter

57. Es ist an der Zeit, uns zu fragen, welcher Mann, welche Frau wirklich erfolgreich ist? Erfolgreich ist, wer sich zufrieden und gesund Gott naht.
Joe-Barth Abba

58. Nigeria ist ein großartiges Land, in welchem Milch und Honig fließen. Es verfügt über mineralische Rohstoffe und über Menschen in Hülle und Fülle, was es zu einer der mächtigsten Nationen der Welt machen kann. Leider hat es immer noch unter schlechter Führung zu leiden.Unter schlechter Planung, mangelnder Voraussicht, Gier und völkischem Chauvinismus.
Anthony Card. O. Okogie

59. Den Strapazen des Lebens gegenüber muss man achtsam sein: Vorsicht vor Selbstmitleid, mitleidigen Menschen und der Erregung von Aufmerksamkeit.
Autor unbekannt

60. Sterben ja, aufgeben nie!
Hl. Teresa von Avila (1515-1582), spanische Karmeliternonne

61. Patriotismus bedeutet, dass die Bürger unseres Landes gerecht und hingegeben sein müssen. Gerechtigkeit erhöht eine Nation; Sünde und fragwürdige Gepflogenheiten dagegen sind eine Schande für jede Nation.
Basil OBC Nwankwo

62. Geduld ist die Fähigkeit, sich mit Menschen abzufinden, die man am liebsten loswerden möchte.

63. Was immer du tust oder sagst, für andere schreibst du Geschichte – für die Ungeborenen und die für die Lebenden.
Joe-Barth Abba

64. Freundliche Worte sind leicht und schnell gesagt; ihr Echo dauert aber an!
Mutter Teresa v. Kalkutta (1910-1997), röm.-kathol. Nonne aus Albanien

65. In jedem von uns steckt Gutes, denn das Böse im Menschen hat nicht Gott geschaffen; das hat der Mensch selbst gewollt.
Autor unbekannt

66. Wollten wir große Heilige sein und große Dinge für Gott tun, dann müssten wir die Angst verlieren, von anderen für verrückt gehalten zu werden.
Anthony D' Mello

67. Das Leben ist ein Kampf. Wir sollten es immer in guter Gesundheit erhalten und alle guten Aspekte und Merkmale verwirklichen, die die Gesellschaft von uns verlangt.
Joe-Barth Abba

68. Suche die Wahrheit in der Dunkelheit, damit andere im Licht gehen können.
Autor unbekannt.

69. Die Gesellschaft ist voll von Übeln aller Art. Der Lebensrhythmus ist so schnell; einige Menschen achten nicht einmal auf den inneren Herzschlag.
Arnd Buenker

70. Damit die grundlegenden Rechte jedes Menschen gewahrt bleiben, darf das Recht in keinem Staat fehlen.
Prudentius Aroh

71. Die Wahrheit kann nicht „verdreht" werden; sie ist immer wirklich.
Joe-Barth Abba

72. Nicht was wir in dieser Welt an uns reißen, macht uns reich, sondern was wir aufgeben.
Henry Ward Beecher (1813-1887), Amerikanischer Geistlicher und Sozialreformer

73. Echter Dialog ist ein fortdauernder Prozess für den Frieden und die Einheit aller Menschen guten Willens.
Francis A. Arinze

74. Glaube, Friede, Geduld und Mut – diese Dinge hat das Leben immer nötig.
Marga und Rudi Maass

75. Größte Aufmerksamkeit muss man stets dem Aufbau einer besseren Nation, der Festigung der Demokratie, der Schaffung einer besseren Infrastruktur, der Aufrichtung einer fundierten Regierungsform und der Aufrechterhaltung des Wirtschaftswachstums widmen.
Wole Soyinka

76. Eines vorschnellen Urteils enthalte man sich, denn gewöhnlich erzählen einem die Menschen, was man ihnen angetan hat und vergessen darüber leicht, was sie ihrerseits anderen angetan haben. Sie halten ihre Trumpfkarte gerne bis zuletzt zurück. Erst wenn man ihnen geduldig zuhört und fragt, bekommt man dann diese Trumpfkarte zu sehen. Diese Trumpfkarte ist dann oft der Schlüssel zu den verborgenen Tatsachen eines bestimmten Falls.
Josef Thome

77. Ein guter Rechtsanwalt sollte weise genug sein, mit Herz und Verstand zuzuhören, bevor er sein Urteil abgibt.
Joe-Barth Abba

78. Das Aufrichten von Gesetz und Recht ist für den Fortschritt und das Wachstum einer Nation unabdingbar.
Joseph Biden

79. Das Geheimnis des Menschen weist ihn auf seine Wurzeln als Ebenbild Gottes hin.
Josef Gerwing

80. Die Rechtsstaatlichkeit stärkt jede Nation zum Aufbau von Institution und Eigentumsrecht, wie es für den wirtschaftlichen Aufschwung und eine gerechte Gesellschaft vonnöten ist.
Roland Grillmeier

81. Jeder Gedanke, der sich lange genug hält, um irgendwann als abgeschmackt zu gelten, enthält ein Körnchen Wahrheit.
Irving Berlin (1888-1989), jüdisch-amerikan. Komponist u.Textdichter

Glaube, Gott und Religion

1. Ein guter Christ gibt einen guten Bürger.
Johannes Paul II (1920-2005), Papst der röm.-kathol. Kirche

2. Sinkt der Glaube, gerät die Tugend in Gefahr; mit dem Glauben verschwindet auch die Tugend.
Augustinus v. Hippo (354-430), Bischof, Philosoph u. Theologe

3. Sei guten Mutes! Gott ist stärker als der Teufel.
Wir sind auf der Gewinnerseite.
John J. Chapman (1862-1933), amerikanischer Schriftsteller

4. Ein ehrlicher Mann ist das edelste Werk Gottes.
Jörg Ursula Sperling

5. Die Botschaft vom Kreuz ist die Grundlage und die Mitte der Religion Jesu Christi.
Matthew H. Kukah

6. Nicht die Religion selbst ist die Ursache von Spaltung, Gewalt und Krieg.
Autor unbekannt

7. Jede Religion, die diesen Namen verdient, sollte folgende goldene Regel lehren, beobachten und bewahren: Behandle den anderen so, wie du selbst behandelt werden willst.
Joe-Barth Abba

8. Ärgert sich ein Priester Gottes oder findet keine innere Ruhe, dann leidet indirekt auch die Kirche, weil das die Qualität seines pastoralen Dienstes beeinträchtigt.
Joe-Barth Abba

9. Eines ruhmvollen Lebens hektische Stunde ist ebenso viel wert wie ein namenloses Zeitalter.
Sir Walter Scott (1771-1832), schottischer Geschichtshistoriker und Dichter

10. Christus berührt unser Leben am meisten in der Heiligen Eucharistie und erhält uns Seine Liebe in unseren Herzen, so dass wir Seiner immer würdig bleiben.
Joe-Barth Abba

11. Das Wesen der Nächstenliebe ist die Selbstverleugnung.
Autor unbekannt

12. Keine freundliche Handlung ist jemals verschwendet, und sei sie noch so gering.
Äsop (620-560 v. Chr.), Fabelschreiber

13. Die Sittlichkeit besteht Jesus zufolge darin, dem Schwachen freundlich zu begegnen; nach Nietzsche ist sie der Mut der Starken, nach Plato ist sie die wirkmächtige Harmonie des Ganzen. Vielleicht wird man alle drei Lehren zusammenfassen müssen, um zu einer vollkommenen Ethik zu gelangen; können wir aber daran zweifeln, welches dieser Elemente das grundlegende ist?
Will Durant (1885-1981)

14. Sei besonders andächtig gegen den eucharistischen

Herrn, und Seine Gnade und göttliche Barmherzigkeit werden immer in dir wohnen.
Joe-Barth Abba

15. Wir suchen Ihn unter den Priestern und finden Ihn unter Sündern. Wir suchen Ihn unter den Freien, Er aber ist ein Gefangener. Wir suchen Ihn in der Herrlichkeit, während Er am Kreuz verblutet.
Carlos A. Libanio Cristo, brasilianischer Schriftsteller

16. Die Nahrung des dankbaren Christen schlägt die Götzen des Wohlstands, der Macht und des Vergnügens zu Boden und ersetzt sie mit der Anbetung des wahren Gottes.
Peter Kohlgraf

17. Die Berufung zum Priestertum Christi ist weit entfernt von eigenwilliger Entscheidung. Sie verdankt sich vielmehr der Gnade und dem Willen Gottes. Niemand verdient diese Berufung oder hat ein persönliches Recht auf eine solche Vorsehung und auf ein solches Geheimnis.
Joe-Barth Abba

18. Das Gebet verändert die Menschen; die Menschen verändern die Welt.
Albert Schweitzer (1875-1965), deutscher Theologe, Philosoph und Arzt

19. Die Heilige Eucharistie ist unserer Seele stetige geistliche und höchst köstliche Nahrung, durch die Gott uns erhält, und erneuert die Hoffnung all seiner Gläubigen.
Joe-Barth Abba

20. Nicht die Akzeptanz irgendwelcher intellektuellen Ideen machen den Christen aus, auch nicht seine Anpassung an gewisse Regeln; es ist vielmehr ein ganz bestimmter Geist und eine ganz bestimmte Lebensart.
John Baillie (1886-1960), schottischer Theologe

21. Jeder Christ hat die Aufgabe, andere Menschen zu Christus zu führen.
Cormac M. O'Connor

22. Eine statische Kirche wird die Wiederkunft Christi.
Albert Ikpenwa

23. Könnte sich die Kirche all der guten Eigenschaften jedes Priesters und religiösen Anführers zunutze machen, was deren verschiedene Begabungen, Talente, Verstandeskräfte, deren Weisheit und Charisma anlangt – sie würde die Erde in ein himmlisches Paradies verwandeln; alle Menschen guten Willens könnten in ihr leben.
Joe-Barth Abba

24. Das größte Bestreben des Menschen auf Erden sollte unter anderem sein: Gutes zu tun, Gott zu fürchten und überall glücklich zu sein, wo immer er sich selbst findet.
Stephan Ackermann

25. Fröhliche und höfliche Menschen haben stets Erfolg.
Voltaire (1694-1778), französischer Schriftsteller, Essayist und Philosoph

26. Wir alle sind Fremde auf dieser Welt. Wenn wir dies im Gedächtnis behalten, werden wir fröhlich, friedlich und gerecht miteinander leben. Wir werden bereit sein, unserem Gott zu begegnen.
Theophilus U. Igwe

27. Das Christentum hat die Menschen gelehrt, dass Liebe mehr zählt als Verstand.
Jacques Maritain (1882-1973), französischer Philosoph

28. Christus ist die Erfüllung der Sehnsucht aller Weltreligionen.
Johannes Paulus II (1920-2005), Papst der röm.-kath. Kirche

29. Ein guter Christ ist ein Mensch starken Glaubens, der

viel betet und gute Werke vollbringt.
Father Joe-Barth Abba

30. Wer nicht zu beten weiß, wenn die Sonne scheint, wird es auch nicht können, wenn die Wolken aufziehen.
Autor unbekannt.

31. Sei nicht einfach nur gut, sondern sei zu etwas gut.
Henry D. Thoreau (1817-1862), amerikanischer Schriftsteller, Dichter und Philosoph

32. Wenn es keinen Gott gibt, ist alles erlaubt.
Fjodor Dostojewski (1821-1881), russ. Schriftsteller u.Philosoph

33. Die beste Regierungsform ist jene, die uns lehrt, uns selbst zu beherrschen.
Johann Wolfgang von Goethe (1749-1832), deutscher Dichter, Schriftsteller und Philosoph

34. Unsere größte Ehre besteht nicht darin, niemals zu fallen, sondern jedes Mal wieder aufzustehen, wenn wir gefallen sind.
Konfuzius (551-479 v. Chr.), chin. Denker u. Gesellschaftsphilosoph

35. Kurze Zeit, gut im Kloster verbracht, ist wertvoll und feierlich. Die Einsamkeit erfrischt, belebt und erweckt unseren geistlichen Fortschritt.
Father Joe-Barth Abba

36. Das Zuhause ist die Bildungsanstalt aller anderen Institutionen.
Edwin Hubbel Chapin (1814-1880), amerikanischer Geistlicher und Schriftsteller

37. Mäßigung ist in jeder Hinsicht gut, außer in der Liebe zu Gott.
Franz von Sales (1567-1622), römisch-katholischer Bischof von Äthiopien

38. Der Glaube ist die persönliche Entscheidung zur Gna-

de Gottes. Er umfasst unser ganzes Leben und muss praktisch ausgelebt werden, soll er wirksam und vertiefend sein.
Autor unbekannt

39. Wir können nicht gut sein ohne die Idee von Gott, der selbst die Güte ist.
Heiliger Vincent von Paul

40. Das beständige Wachstum im geistlichen Leben eines guten und praktizierenden Katholiken beruht sehr auf der regelmäßigen Ausübung des Bußsakraments und der Teilnahme an der Eucharistie.
Joe-Barth Abba

41. Das Gebet ist der Sauerstoff der Seele; je weniger einer atmet, desto schwächer wird er.
J. A. Ploude

42. Ich habe gelebt, um Gott dafür zu danken, dass er all meine Gebete nicht beantwortet hat.
Jean Ingelow (1820-1897), engl. Dichter und Romanschreiber

43. Geh mit deinem Nächsten nicht allzu schnell ins Gericht, was die Reinheit betrifft, damit dich nicht am Ende Gott in die gleichen entwürdigenden Sünden fallen lässt.
Winfrid Herbst (1891-1988), katholischer Priester und Schriftsteller

44. Das Leben guter Menschen ist das lebendigste Anschauungsmaterial.
Gregor I. (540-604), Papst der römisch-katholischen Kirche

45. Die Heilige Eucharistie ist das stete Zeichen der Liebe Gottes in Bezug auf unsere Erlösung.
Joe-Barth Abba

46. Der wachsamste Mann ist auch der sündloseste!
W. Secker

47. Schon wenige Tage im Kloster, zur Rückbesinnung, zur Ruhe und zum persönlichen, stillen Gebet, helfen, die geistliche Einstellung und friedfertige Ausrichtung zum christlichen Leben zu überprüfen.
Joe-Barth Abba

48. Kein Opfer gefällt Gott besser als der Eifer um Seelen.
Gregor I. (540-604), Papst der römisch-katholischen Kirche

49. Eltern und Vormünder, danach das Volk Gottes in all den verschiedenen Familien – sie sind verantwortlich dafür, dass das Problem des sinkenden Interesses an der heiligen Berufung zum Priestertum gelöst wird, das in manchen Ländern vorherrscht.
Joe-Barth Abba

50. Unser Erdenleben hat einen Zweck. Will jemand Christ sein, muss er diesen Zweck ernst nehmen.
Cyprain Michael Iwene Tansi (1903-1964), römisch-katholischer Priester und Zisterziensermönch aus Nigeria

51. Der Mensch ist ein dynamisches und vorsichtiges Wesen; er ist ein ganzes Geflecht an Möglichkeiten.
Martin Heidegger (1889-1976), deutscher Philosoph

52. Sakramentalien und heilige Gefäße sollten angemessen verehrt und auch beachtet werden, denn auch darin verbirgt sich der Segen und die Stärke unseres Glaubens an den allmächtigen Gott.
Joe-Barth Abba

53. Völlige Abstinenz ist leichter als vollkommene Mäßigung.
Augustinus von Hippo (354-430), Bischof von Hippo, Philosoph und Theologe

54. Eine unerwartete Bekanntschaft kann zur Buße leiten.
Thomas Fuller (1608-1661), engl. Kirchenmann u. Historiker

55. Nichts bei Gott geschieht zufällig.
Henry Wadsworth Longfellow (1807-1882), amerikanischer Erzieher und Dichter

56. Die Verehrung der Eucharistie ist der Höhepunkt unserer Hingabe an ein geheiligtes Leben.
Joe-Barth Abba

57. Lass den gesalbten und ordinierten Priestern Gottes Ehre und Respekt widerfahren, denn damit ehrest du letzten Endes Gott, den Allmächtigen.
Hl. Katherina v. Siena (1347-1380), Reformerin u.Patronin Italiens

58. Ein guter Katholik ist ein Mensch, der sein tägliches Gebet und die Schätze der Sakramente liebt – vor allem die Eucharistie und das Sakrament der Versöhnung.
Joe-Barth Abba

59. Die Heiligen Schriften sind ein Fest der Weisheit und die einzigen Bücher unter all den verschiedenen Speisen.
Ambrosius (337-397), röm.-kathol.Bischof v.Mailand

60. Die Bibel zu lesen ist Bildung an sich.
Alfred Tennyson (1809-1892), englischer Dichter

61. Das Gebet ist in jeder Familie und in jedem Christenleben äußerst notwendig.
Robert N. Lynch

62. Bete für die, die schlimmer leiden als du. Erkenne, dass es dir auf Erden immer noch besser ergeht als vielen deiner Mitmenschen.
Stephan Burger

63. Wenn für sonst nichts, so ist es deine Pflicht, zu beten, dass du Gottes unendliche Liebe und Freundlichkeit darin erkennst, dass du immer noch lebst.
Christoph Ohly

64. Beten heißt an Gott denken, Seine Gnade zu erbitten und unsere menschliche Gebrechlichkeit zu akzeptieren.
Mike Kolb

65. Das Gebet ist für unser persönliches Leben und für all unser Bestreben notwendig.
Fortunatus Nwachuckwu

66. Das Sakrament der Beichte dient unserem Gewissen und bringt uns wieder näher zu Gott.
Magisterium Ekklesiae

67. Niemand kennt dich besser als du dich selbst. Die Tage sind vorbei, wo man sich verhalten konnte wie man wollte, ohne zweimal über sein Leben nachzudenken.
Cajetan Iyidobi

68. Ein kluger Mann sollte sich keiner Situation aussetzen, in der er sich nicht beherrschen kann.
Bernharda Hildegard Brunner

69. Es kann hart, ja, herzzerreißend sein, mit einem Menschen umgehen zu müssen, der nicht gut sein will.
Joe-Barth Abba

70. Sei gut zu den Menschen, denn die Freundlichkeit, die du anderen erweist, kommt meistens als größerer Segen auf dich zurück, als du es je erwartet hättest.
Joe-Barth Abba

71. Das Sakrament der Beichte unserer Fehler sperrt die Tür zu Gottes Barmherzigkeit und Vergebung auf.
John I. Okoye

72. Priester und religiöse Menschen haben unter ihren Mitmenschen das Vorrecht, von Gottes Gnade berufen und auserwählt zu sein. Sie haben die Pflicht, dieses Geheimnis als Christi Vertreter für die Erlösung der Seelen täglich zu tragen.

Joe-Barth Abba

73. Ein Mann des Glaubens muss nicht nur auf das Martyrium vorbereitet sein, sondern auch darauf, zum Narren zu werden.
G. K. Chesterton (1874-1936), englischer Schriftsteller

74. Durch den Heiligen Rosenkranz gelangt man zur tiefen Besinnung unseres Herrn Jesus Christus und Seiner hochheiligen Mutter Maria.
Joe-Barth Abba

75. Seinen Getreuen schenkt Gott viele Gnaden – denen, die sich Ihm in der Heiligen Eucharistie nahen.
Joe-Barth Abba

76. Wenn dich ein schlechter Mensch verletzt, vergib ihm, sonst sind der schlechten Menschen schon zwei.
John Ebebe Aya

77. Das Kennzeichen und Tor zum Heiligen Leben ist das ständige Gebet in der Demut und in echten Werken der Nächstenliebe.
Joe-Barth Abba

78. Kein Heiliger ist ohne Vergangenheit und kein Sünder ohne Zukunft.
Joe-Barth Abba

79. Je gottloser jemand ist, desto teuflischer kann er werden.
Günter Geuking

80. Bete, als hinge alles von Gott ab und arbeite, als hinge alles von dir ab.
Autor unbekannt

81. Das Abteileben ist ein ausgewogenes Leben in der Gemeinschaft. Es dreht sich um demütiges Gebet, um das Fasten, um sinnvolle Erholung und gute Werke.

Joe-Barth Abba

82. Ich glaube, dass sich der Mensch seine Mittelmäßigkeit selbst auferlegt, das Genie dagegen schenkt sich der Mensch.
Walter Russel (1871-1963), amerikanischer Bildhauer und Architekt

83. Im Schweigen und in der Stille macht die andächtigere Seele Fortschritte und entdeckt die verborgenen Dinge der Schrift.
Thomas à Kempis (1380-1471), röm.-kathol. Mönch u.Schriftsteller

84. Ein einfacher Christ, der im Bußsakrament seine Fehler wohl überlegt ist ein potentieller Heiliger.
Joe-Barth Abba

85. Christen sollten starke und treue Verkünder sein, die durch ihre guten Werke in der Welt den Weg des Herrn bereiten.
Kraemer Klaus

86. In der gesegneten Eucharistie gläubige und stille Momente mit Gott zu verbringen, das stärkt unser geistliches Wachstum.
Joe-Barth Abba

87. Die Auferstehung Christi war Gottes größtes und wundersamstes Werk.
Augustinus von Hippe (354-430), Bischof von Hippo, Philosoph und Theologe

88. Das Leben eines Priesters gleicht einer Kerze, die willentlich stetig nach unten brennt und dabei ihre Kraft gerne schenkt, aber fröhlich darüber bleibt, dass sie die Dunkelheit verliert, so dass das irdische und ewige Leben des Volkes Gottes erhellt wird.
Joe-Barth Abba

89. Das Gebet ist ein köstlicher Weg, mit Gott zu reden. Es beglückt die Seele.
Joe-Barth Abba

90. Niemand kann ein Kind Gottes genannt werden, wenn er nicht zuerst den Namen eines Friedensstifters verdient.
Peter Chrysologus (380-450), Bischof von Ravenna

91. Ein gutes Gebet ist wie Himmelsnahrung: Es ernährt und erfüllt die Seele.
Bertram Meier

92. Es schmerzt mich, dass ich nicht so heilig bin, wie ich es mir wünsche. Es würde mich freuen, würde Gott mir einige „Schmerzen" Seiner Gnade auferlegen, denn die könnten mich zwingen, gewisse Anpassungen vorzunehmen, zum einen, was die Vermehrung meiner Heiligkeit zu Seiner Ehre betrifft, zum anderen würden sie den aufrechten Glauben anderer stärken, die mir auf dem Weg zur Erlösung anvertraut sind.
Joe-Barth Abba

93. Es gibt keinen aufrechten Stand im Gebet vor Gott, ohne dass wir in Seinen Wegen gehen.
Albert K. Obiefuna

94. Je mehr ich unter Menschen gehe, desto stärker beurteilen sie mich nach ihrem eigenen Geschmack und finden Fehler.
Es ist von Vorteil, im Gebet zu verharren, gute Werke für den Herrn zu tun, der mich versteht, denn in der innersten Stille meines Herzens nehme ich mir Zeit, Ihn im Heiligen Sakrament zu verehren.
Joe-Barth Abba

95. Vergesst nicht die Gastfreundschaft zu üben, denn durch sie haben einige, ohne es zu ahnen, Engel beherbergt.

Hebräer 13,2

96. Unter der wachsamen Leitung Marias zu gehen heißt, den Rosenkranz zu beten und über die Geheimnisse ihres einzigen Sohnes, Jesus Christus, zu meditieren.
Godfrey M. P. Okoye (1913-1977), römisch-katholischer Bischof, Theologe und Philosoph aus Nigeria

97. Vollkommenheit ist nicht mehr und nicht weniger als die vertrauensvolle Zusammenarbeit der Seele mit Gott.
Jean Pierre de Caussade (1675-1751), französischer Jesuitenpriester und Schriftsteller

98. Ein guter Priester sollte ein Heiliger sein, ein Gelehrter und ein Gentleman!
Joe-Barth Abba

99. Ohne das Kreuz und ohne starken Glauben an Gott kommt man nicht in den Himmel.
Joe-Barth Abba

100. Völlige Hingabe an den Willen Gottes ist die Essenz der Geistlichkeit.
Hl. Rita von Cascia (1381-1457), italien. Augustinerheilige

101. Sich Gott hinzugeben ist die Praxis, die jeder Tugend innewohnt.
Michaela Watzeck

102. Die Bibel ist ein Fluss, in dem der Elefant schwimmen und das Lamm waten kann.
Gregor I. (540-604), Papst der römisch-katholischen Kirche

103. Es wird alles wohl geraten, wenn wir uns nur völlig Gott anvertrauen.
Josef Ignatius Shanahan, CSSP (1871-1943), Bischof und nigerianischer Missionar

104. Deine aufrichtigen Gebete zu Gott sollten stets auch

fröhlich sein.
Augustine Kasujja

105. Wer zu sehr mit sich selbst beschäftigt ist, kann nichts von Christus, seinem Erlöser, bewahren.
Monika Grüner-Schürer

106. Gott ist der einzig gute und vollkommene Richter, der ein absolutes Recht über unser Leben besitzt.
Joe-Barth Abba

107. Die Erde ist voll der Güte des Herrn.
Psalm. 33,5

108. Gott zeigt stets seinen Wunsch, uns zu besuchen, obwohl wir es vorziehen, abwesend zu sein und uns von Ihm zu distanzieren.
Joe-Barth Abba

109. Heiligkeit und geistliches Wachstum ist ein allmählicher, aber beständiger Prozess; unsere Schutzengel leiten uns auf diesem Weg.
Joe-Barth Abba

110. Gott besucht uns, nur sind wir meistens nicht zu Hause.
Französisches Sprichwort.

111. Als Priester sind wir keine Übermenschen. Allerdings wird von uns ein gewisses Maß an Vornehmheit erwartet. Tatsächlich müssen wir die Menschen nicht daran erinnern, dass wir Priester sind, damit wir ihren Respekt gewinnen. Sie sollten diese Tatsache an der Art, uns zu kleiden, zu reden und an unseren Handlungen erkennen.
Hl. Johaness Paul II

112. Die Zeit im Kloster bringt Freude. Eine andächtige Seele wird über das tägliche Leben der Mönche und Nonnen erstaunt sein, dazu über die inspirierende Stille, das Gebet, die persönliche Einkehr und über die Meditation.

Joe-Barth Abba

113. Die Gemeinden Gottes, deren Lehrer und Führer Christus geworden ist, sind im Vergleich mit den Gemeinden der heidnischen Menschen, unter denen sie leben, Fremde, sie sind wie himmlische Lichter in der Welt.
Origenes (185-254), frühchristlicher Gelehrter und Theologe

114. In Wahrheit besteht die Heiligkeit nur in einem: In der völligen Unter¬werfung unter Gottes Willen.
Jean Pierre de Caussade (1675-1751), französischer Jesuitenpriester und Schriftsteller

115 .Die Bischöfe sind die wichtigsten Diener des Evangeliums für die Hoffnung der Welt.
Gerhard Ludwig Kardinal Müller

116. Gott, Du hast mich als Dein Werkzeug dazu erwählt, Priester zu sein. Stets braucht mich Dein Volk, damit ich seinen Glauben stärke und es Dir näher bringe. Ich weise diese Aufgabe nicht zurück. Dein Wille, o Herr, ist meine Freude.
Joe-Barth Abba

117. Das Reich Gottes ist nicht Essen und Trinken, sondern Rechtschaffenheit, Friede und Freude im Heiligen Geist
Röm. 14,17

118. Wer zu lernen aufhört, hört auf, zu wissen. Wer aufhört zu lieben, hört zu wachsen auf, und wer zu beten aufhört, hört auf zu glauben.
Konrad und Annelise Cerhak

119. Ein Priester oder religiöser Mensch, der das Armutsgelübde abgelegt hat, sollte sich in weltlichen Dingen nicht mit den „Menschen dieser Welt“ messen, damit er tugendhaft, bescheiden, geistlich stark, konzentriert und

bereit bleiben kann, den guten Kampf zu kämpfen und Seelen für Christus zu gewinnen.
Joe-Barth Abba

120. Das einfache Programm Christi zur Gewinnung der Welt besteht darin, jeden Menschen, den Er berührt, mit genug „magnetischer" Liebe auszustatten, so dass er andere Menschen an sich zieht.
Frank Laubach (1884-1970), christl, evangelischer Missionar

121. Kein eifriger Christ kann leugnen, dass Christus im Zentrum des Geheimnisses der christlichen Kirche steht.
Norbert Brockman

122. Der Glaube wird empfohlen, nicht aufgedrängt, und um einen Ungläubigen zu bekehren oder eine schwache Seele zurück zu Gott zu bringen, sind unsere eigenen beständigen guten Beispiele und unsere eigene Frömmigkeit erforderlich.
Franz Jung

123. Die Heilige Eucharistie ist die erhabenste aller Andachten, weil sie Gott zum Gegenstand hat und Christus als Urheber der Gnade vermittelt.
Pius X (1835-1914), Papst der römisch-katholischen Kirche

124. Die Schätze aller anderen Sakramente wurzeln in der Heiligen Eucharistie.
Joe-Barth Abba

125. Die Heilige Eucharistie ist das Sakrament, in welchem Christus sich uns ganz gibt und das uns herausfordert, unser eigenes Leben ganz Gott hinzugeben.
Father Joe-Barth Abba

126. Das wahre Bild des Priestertums, zusammen mit dem priesterlichen Leben und Dienstes, steht unter der Leitung und Führung des Heiligen Geistes.

Joe-Barth Abba

127. Lass den gesalbten und ordinierten Priestern Gottes Ehre und Respekt widerfahren, denn damit ehrest du letztlich Gott, den Allmächtigen.
Heilige Katherine von Siena (1347-1380), Reformerin und Patronin Italiens

128. Wann immer wir andächtig den Heiligen Rosenkranz beten, denken wir neu an den tiefgründigen Plan Gottes für Maria, als Mutter unseres Erlösers.
Rolf und Elvira Rosenkranz

129. Die Religion ist's, was unsere Handlungen und unser Denken am meisten beeinflusst.
E. Radcliffe

130. Ein Priester oder religiöser Mensch fällt nicht schon heilig vom Himmel, sondern muss wie jeder andere gute Christ unter Gottes Schutz auch erst nach Vollkommenheit streben und gegen Versuchungen und unnötige Ablenkungen kämpfen.
Joe-Barth Abba

131. Die Güte ist unspektakulär. Sie blitzt nicht, sie glüht.
David Grayson (1870-1946), amerikanischer Journalist und Schriftsteller

132. Der Priester wächst mit zunehmender Identifikation mit Christus durch die Gnade der Heiligen Eucharistie.
Peter Wells

133. Die Güte eines Priesters, seine Andacht, Frömmigkeit, sein Verstand, Talent und Charisma – all das dient nicht nur seiner eigenen Seele, sondern auch der Herde, die ihm anvertraut ist, und darüber hinaus allen Menschen guten Willens.
Joe-Barth Abba

134. Das entscheidende Kennzeichen des Glaubens ist die Liebe.
Valerian M. Okeke

135. Die Religion-richtig verstanden – ist ein starkes Werkzeug zur Förderung des Friedens.
Papst Johannes Paul II (1920-2005)

136. Ein Ruf zur heiligen Berufung (Priestertum und religiöses Leben) ist ein Aufruf, dem Reich Gottes in selbstloser Hingabe zu dienen.
Joe-Barth Abba

137. Christus ist das „Internet" der Welt, das jedes Problem der Menschheit ohne „Harken" lösen kann.
Godfrey I. Onah

138. Für ein Leben in Heiligkeit bedarf es großer Bescheidenheit, vielen Gebets und der Selbstverleugnung; der Materialismus stellt eine große Gefahr dar: Er lenkt ab und bedeutet einen Rückschlag für das geistliche Wachstum.
Joe-Barth Abba

139. Ein weiser Mensch lässt sich von der Kirche inspirieren und bringt der Welt seine Früchte.
Johannes Benson Okoye

140. Die tägliche Gebetsübung, Bescheidenheit und gute Werke – das begründet das geistliche Leben in der Gnade des Heiligen Geistes und bringt einen Gott näher.
Markus Hofmann

141. Denke über die Mönche und Nonnen nach – und über ihre Kleidung; beachte den Unterschied ihrer Kleidung und den Unterschied ihrer Kleidung zur Kleidung der Weltmenschen und erkenne, was die religiöse Tracht bedeutet: Sie bedeutet eine Absage an die weltlichen Dinge und drückt aus, dass sich die Träger ihrer Hingabe an

das geistliche Werk bewusst sind.
Ephraim der Syrier (306-373), syrischer Diakon und Theologe

142. Die Heilige Eucharistie bleibt in ihrem Reichtum die Quelle aller Berufung und allen kirchlichen Dienstes.
Joe-Barth Abba

143. Das am meisten ausgeprägte Merkmal im Leben Jesu von Nazareth ist sein Leben mit Gott.
Thomas Hard

144. Der Leib und das Blut unseres Herrn Jesus Christus sind die Fülle der Gnade Gottes.
Michael U. Eneja (1919-2008), römisch-katholischer Bischof, Homiletiker und Bi-belexperte aus Nigeria

145. Echte Freundschaft, die diesen Namen verdient, sollte immer Moral und Menschlichkeit am höchsten halten.
Joe-Barth Abba

146. Die Eucharistie ist das Paradigma der Liebe; die Liebe ist das Leben Gottes, das alle Gläubigen leben sollen.
Benedict XIV

147. Die Heilige Eucharistie ist das beständige Zeichen der Liebe Gottes.
Antonio Canizares Llovera

148. Die Heilige Eucharistie ist gütig und mächtig: Sie bleibt die Wurzel und der Höhepunkt des christlichen Gottesdienstes.
Joe-Barth Abba

149. Gebet macht das Herz weit, bis es fähig wird, aufzunehmen, was Gott gegeben hat – sich selbst.
Mutter Teresa von Kalkutta (1910-1997), römisch-katholische Nonne aus Albanien

150. Einige Katholiken wissen heute aufgrund der Aufnah-

me pfingstlerischen Gedankenguts und anderer christlicher Weisen so gut wie nichts mehr über den Glauben und die Glaubenspraxis. Wir stehen daher vor der großen Herausforderung, Katholiken heranzuziehen, die eine klare Auffassung echter Liturgie, eucharistischer Andacht und echter Marienverehrung haben, besonders auch was den Rosenkranz und die traditionellen katholischen Gesänge betrifft.
Katholische Bischofskonferenz in Nigeria

151. Eine Abtei hat eine solch herrliche Sittlichkeit, Geistlichkeit und einladende Atmosphäre für jedermann, der in religiöser Aufrichtigkeit Gott sucht, um in der Heiligkeit des Lebens zu wachsen.
Joe-Barth Abba

152. Die Heiligkeit ist das Geheimnis der Evangelisation und echter, geistlicher Erneuerung.
Johannes Paul II (1920-2005), Papst der römisch-katholischen Kirche

153. Der afrikanische, liturgische Gottesdienst bereichert und inspiriert auf tiefe Weise in lebendigem Ausdruck und freudigem Vertrauen in der Gegenwart Gottes.
Joe-Barth Abba

154. Gott in unserem Leben zu verherrlichen bedeutet, dass all unser Tun zu Seiner Ehre sein muss.
Arnobius (284-305), frühchristlicher Apologet

155. Die Eucharistie ist unsere Quelle der Gnade. Von da bekommen wir das Leben und die Inspiration, unseren Glauben zu stärken und in der Nähe Gottes zu bleiben.
Joe-Barth Abba

156. Der Besuch einer Kirche könnte stets ein inspirierender Moment geistlicher Ruhe und innerer Erneuerung unserer persönlichen und aufrichtigen Freundschaft mit

Gott sein.
Geistlicher Ratgeber

157. Die Treue zur kirchlichen Lehre wird nicht nur gnädig belohnt, sondern stärkt auch unsere Liebe zu Gott.
William Levada

158.Das Opfer der Eucharistie ist die Quelle und der Gipfel des christlichen Lebens.
Zweites Vatikanisches Konzil

159. Priester und religiöse Menschen sollten Vorbilder sein, was pastorale Stärke, menschliche Beziehungen, Bescheidenheit und andere wichtige Tugenden betrifft, wie sie für die Evangelisation und Bekehrung der Menschen erforderlich sind.
Emmanuel Bishop N. Otteh

160. Wer die Finsternis der Sünde hinter sich gelassen hat, sehnt sich nach Gott.
Autor unbekannt

161. Hervorragend ist das Gebet, das sich nicht ablenken lässt, aber noch hervorragender ist der Gesang von Psalmen, von dem sich nicht ablenken lässt.
Evagrius Ponticus (345-399), christlicher Mönch und Asket

162. Wollen wir mit den Heiligen leben, müssen wir danach trachten, selbst heilig zu sein.
Kolumba (521-597), gälischer Mönch und Missionar

163. Die Kürze unseres Lebens zu erkennen und unsere Prioritäten im Einklang mit unserem Glauben an das ewige Leben auszurichten - das ist wahre Weisheit.
Benjamin Beck

164. Wo die Kirche ist, dort ist der Geist Gottes.
St. Irenäus

165. Wenn ich mich am Samstagabend für die Herrlichkeit des Sonntags vorbereite, kehre ich gewöhnlich der Sonne meinen Rücken und strecke meine Hände im Gebet solange zum Himmel, bis die Sonne am Morgen mein Angesicht erleuchtet.
Arsenius der Diakon (354-455), Mönch und Wüstenvater

166. Christus ist das Ideal jedes Christen, denn die Heiligkeit eines Mönchs hängt ganz von seiner engen Verbundenheit mit Christus durch den Glauben ab.
Autor unbekannt

167. Die Einkehr kommt nicht zur Ruhe, bis sie gefunden hat, was einmal vor ihr aufgeleuchtet hat.
Marc Stegherr

168. Die lebendige Anteilnahme an der Eucharistie bedeutet große Hingabe und die Gelegenheit, noch mehr Gnade und Stärke von Gott für unsere Seele zu erlangen und sich noch mehr Segen zu erbitten.
Hilary Paul Odili Okeke

169. Das reichhaltigste, vielschichtigste und wohl am schwierigsten zu erklärende Sakrament ist mit Sicherheit die Heilige Eucharistie.
Luigi Stancati

170. In der Eucharistie zeigt sich Gottes Fülle und Gnade ganz konkret.
Joe-Barth Abba

171. Die Freude des Glaubens hört immer auf das Wort Gottes und lebt es in der Wahrheit.
Jean-Pierre Kutwa

172. Die genaueste Erklärung über den Wert des Sakraments der Eucharistie ist, dass dieses Sakrament über allen anderen Sakramenten steht.

Katechismus der römisch-katholischen Kirche

173. Die Heilige Eucharistie steht über allen anderen Sakramenten. Sie darf fast als Krönung des geistlichen Lebens und des Zieles gelten, dem alle anderen Sakramente zustreben.
Thomas von Aquin (1224-1274), römisch-katholischer Priester, Philosoph und Theologe

174. Ein frommes und demütiges Kind Gottes ist ein potentieller Heiliger im Reich Gottes.
Joe-Barth Abba

175. Obschon die Bestrafung eines Verbrechers nach dem, was das Gesetz dafür vorsieht, gerechtfertigt ist, darf man dennoch nicht davon ausgehen, dass dabei automatisch die Bedeutung und Wahrung der Menschenwürde garantiert sind.
Reinhard Marx

176. Zu den Voraussetzungen des Himmelreichs gehört das Gebet, ein gefälliges Leben, und dass du deinen Nächsten liebst wie dich selbst.
Edward K. Braxton

177. Geistliches Wachstum und Heiligkeit im Leben führen in die Nähe Gottes – man hört auf Sein Wort und lebt danach.
Harald Heinrich

178. Wir sollten stets anerkennend daran denken, dass Gott uns als dreiteiliges Geschöpf geschaffen hat: Geist, Seele und Leib.
Ulrich Otto Müller

179. Unser Glaube könnte durch die oftmalige Teilnahme am Heiligen Sakrament immer stärker werden.
Angel Lagdameo

180. Obwohl wir die gesamten geistlichen Reichtümer

der Eucharistie nicht fassen können, so mag den Christen auf ihrem Weg doch ein Gedanke hilfreich sein:

Wer regelmäßig zur Messe geht und die Kommunion würdig empfängt, der kann die Gegenwart Christi und die feierliche Regung der Gnade spüren.
Ein Verehrer der Heiligen Eucharistie

181. Gott will, dass jeder Mensch ein Heiliger wird.
George Preca

182. Lass Gott deinem Geiste stets gegenwärtig sein, und du wirst ein vollkommenes Leben immer führen.
Paulinus C. Ezeokafor

183. Wer Gott wirklich liebt, der denkt auch oft an Ihn und spricht oft über Ihn.
Thorsten Giertz

184. Ein treuer Priester Gottes bittet stets darum, dass er in der Heiligkeit wachsen möge.
Keith Patrick O'Brian

Teil II:

Gewissen, Kultur, Tod, menschliche Beziehungen, Menschenrecht, Weg des Lebens, Arbeit, Ehrgeiz, Geschäft, Geld, Reife, Friede, Sozialismus, Sport, Überleben, Jugend und Frauen

Menschliche Probleme und Sozialleben

1. Ich bin ein Mensch, und nichts Menschliches ist mir fremd.
Horaz (65-8 v. Chr.), römischer Dichter

2. Ich mag verdammen, was du sagst, aber ich werde mein Leben dafür einsetzen, dass du es sagen darfst.
Voltaire (1694-1778), französischer Schriftsteller u. Philosoph

3. Die schwerste Krankheit heute ist weder Lepra noch Tuberkulose, sondern der Gedanke, ungewollt, unbeachtet und von jedermann verlassen zu sein.
Mutter Teresa von Kalkutta (1910-1997), römisch-katholische Nonne aus Albanien

4. Das Böse in Form von Ungerechtigkeit und Ausbeutung wird sich nicht für alle Zeit halten, denn Gott vergisst Seine Kinder nicht.
Martin Luther King Jr. (1929-1968), amerikanischer Geistlicher und Bürgerrechtler

5. Jede Kultur, die für Verschrobenes keinen Platz findet, ist dazu verdammt, ihr Dasein in Unzucht zu verschleudern. Ihre Aussicht ist beschränkt auf eine Kette an Bedeutungslosigkeit und in letzter Konsequenz auf eine Generation von Schwachsinnigen.
Joe-Barth Abba

6. Die Trennung von Schwarz und Weiß ist nicht nur rational unerklärbar, sondern auch moralisch nicht zu rechtfertigen.
Martin Luther King jr. (1929-1968), amerikanischer Geistlicher und Bürgerrechtler

7. Wann immer sie können, sind alle unterdrückten Menschen im Recht, aufzustehen und ihre Fesseln zu zerreißen.
Henry Clay (1777-1852), amerikanischer Staatsmann

8. Der Mensch ist ein Tier, im Käfig seiner Zwiespältigkeit.
Autor unbekannt

9. Der Kampf des Menschen beginnt mit seiner Geburt.
Autor unbekannt

10. Würden die Menschen heute besser darüber nachdenken, was sie Gott schulden, und würden sie Ihn fürchten, so stünden moralisch-ethische Belange stets auf der Tagesordnung.
Joe-Barth Abba

11. Selbst viele Tiere behandeln ihresgleichen vosätzlich nicht so schlecht, wie der Mensch seinesgleichen.
C. S. Lewis (1989-1963), engl. Gelehrter, Theologe u. Schriftsteller

12. Erwachsene, die sich nicht gern von Zeit zu Zeit selbst weiterbilden, sind zur Mittelmäßigkeit verdammt.
James Michener (1907-1997), amerikanischer Schriftsteller

13. Sucht eine Idee, nicht Wort zu werden, so ist sie höchstwahrscheinlich böse. Wird das Wort nicht Fleisch, so ist es ein böses Wort.
G. K. Chesterton (1874-1936), englischer Schriftsteller

14. Menschsein umfasst alle Aspekte der Vornehmheit, samt aller damit verbundenen Tugend.
Lydia Pfefferer

15. Jesus ist gekommen, um uns über unsere Erlösung zu belehren, weil wir dem Maßstab Gottes nicht entsprechen.
Ignatius Kaigama

16. Korruption hat zur Leistungsschwäche geführt und die Produktivität, sowohl im öffentlichen wie auch im privaten Sektor, unserer Nationalwirtschaft geschwächt.
George Ehusani

17. Der Misserfolg ist nur die Gelegenheit zu vernünfti-

gerem Neubeginn.
Henry Ford (1863-1947), Gründer der Ford Motor Company

18. Das Christentum ist die höchste Vollkommenheit der menschlichen Natur.
Samuel Johnson (1709-1784), englischer Schriftsteller

19. Der Eckpfeiler jeder dauerhaften Beliebtheit ruht auf der Ehrlichkeit und Selbstlosigkeit.
David Engels

20. Es ist eine herrliche Sache, großartig zu sein. Noch herrlicher aber ist es, Mensch zu sein.
Will Rogers (1879-1935), amerikanischer Cowboy, Humorist und Entertainer

21. Echte Begeisterung und Heiterkeit ziehen die Menschen stets an.
Christl Fischer

22. Jedes Menschenleben ist Teil des Planes Gottes.
Horace Bushnell (1802-1876), amerikan. Geistlicher u.Theologe

23. Stets ist die Liebe Gottes für die Menschheit groß. Wie freudvoll, wie wundervoll wäre es, könnten die Menschen aufrichtig als Gottes Kinder leben und einander lieben!
Joe-Barth Abba

24. Das Leben ist ein langer Lehrgang in Sachen Demut.
J. M. Barrie (1860-1937), schottischer Schriftsteller und Dramatiker

25. Der Mensch ist die Krone der Schöpfung.
Chandogya Upanischaden 2.6.1

26. Das angemessene Studium des Menschen ist der Mensch.
Alexander Papst (1688-1744), englischer Dichter

27. Mit der Reife weicht der Stolz.
Leon Soul

28. Ein dankbares und ehrenwertes Alter ist die Kindheit

der Unsterblichkeit.
Pindar (522-443 v. Chr.), griechischer Lyriker

29. Menschlicher Anstand entfaltet sich zunächst und zuerst aus einem guten Herzen und einem friedfertigen Gewissen, das Platz für die Seelenruhe bietet.
Joe-Barth Abba

30. Jeder ist sein eigener Vorfahre und Erbe: Er schmiedet seine Zukunft und erbt seine Vergangenheit.
Frederick Henry Hedge (1805-1890), amerikanischer Geistlicher der Unitarier

31. Eigentlich ist das Leben ein endloser Prozess der Selbstfindung.
James-Pius Abba

32. Es ist stets vorteilhaft für unsere Erlösung, ein starkes Vertrauen zu Gott aufzubauen, doch besser mit Hilfe zeitloser und ergebener Geister als mit Menschen.
Autor unbekannt

33. Die Menschen bessern sich nur selten, wenn sie als Vorbilder nur ihresgleichen haben.
Oliver Goldsmith (1728-1774), engl.-irischer Schriftsteller u. Arzt

34. Jeder ist seines Glückes Schmied.
Lateinischer Aphorismus

35. Der Mensch sollte regelmäßig über seine Erfolge und Misserfolge nachdenken, Gott für Seinen Segen und für Seinen Schutz danken und dann mit umso größerem Eifer daran arbeiten, die vergangenen Fehler nicht zu wiederholen.
Joe-Barth Abba

36. Unsere wahre Nationalität heißt Menschheit.
H. G. Wells (1866-1946), englischer Schriftsteller

37. Das Leben des Menschen steckt voller Veränderun-

gen, die entweder zur Sozialphobie eines Volkes führen oder aber zur nationalen Freude.
Simone Hock

38. Keine Fehler macht nur der, der überhaupt nichts tut.
Theodore Roosevelt (1858-1919), sechsundzwanzigster Präsident der Vereinigten Staaten

39. Am Gipfelpunkt zwischenmenschlicher Beziehungen, der Mitmenschlichkeit, des Mitleids, der Freundlichkeit und Fürsorge trachte nach der Ehre Gottes.
Josef Thome

40. Ein schlechter Tag oder ein schlimmes Erlebnis muss einem noch nicht das Leben vermiesen. Könntest du mit ihnen gehen, du würdest sehen: Viele gute Menschen sind täglich Abenteurer.
Joe-Barth Abba

41. Es gibt mehr Heilige im Himmel, als sie auf Erden dafür gelten. Es gibt auch mehr gute Menschen hier auf Erden, als man sich vorstellt. Das Dumme daran ist nur: So wie eine Tasse trüben Wassers ein ganzes Fass klaren Wassers trübt, so trüben auch die wenigen bösen Menschen die ganze Welt.
Ludwig Mödl

42. Was hätten wir nur für eine friedvolle und satte Welt, würden all die Firmen, die Panzer und andere Kriegsgeräte herstellen, stattdessen Traktoren und andere landwirtschaftliche Maschinen produzieren!
George Elliot Clarke

43. Wie kann man sich in einer Welt voller Traumata und Leiden nur sicher fühlen?
Um eine solch problematische und gebeugte Welt zu bessern, zu verändern und zu heilen, müssen wir alle gottes-

fürchtig, rücksichtsvoll, friedfertig und liebevoll werden, damit wir die uns verbleibende Zeit auf Erden genießen können, bevor wir zu unserem Schöpfer zurückkehren.
Joe-Barth Abba

44. Die ganze Welt ist ein Theater, alle Menschen bloß Schauspieler.
William Shakespeare (1564-1616), engl. Dichter u. Dramatiker

45. Wir sollten Gott für unsere Individualität danken und auch dafür, dass wir die Gelegenheit haben, die Unterschiede und Geschmäcker im anderen zu entdecken, damit wir einander ertragen und annehmen.
Joe-Barth Abba

46. Gott und unsere Mitmenschen zu lieben - dies ist das barmherziges Werk für alle Generationen und Weltmissionswerk.
Markus Luber, SJ

47. Wie wir wissen, haben die armen Menschen am allerwenigsten zu Wirtschaftskrisen beigetragen, denen wir uns nun gegenüber sehen, und dennoch sind gerade sie es, die am stärksten darunter zu leiden haben.
Sie müssen ihren Lebensunterhalt gegen die zerstörende Armut verteidigen.
Boris Johnson

48. Die neue Schöpfung ist ein Geschenk Gottes an die gesamte Menschheit. Wer darauf nicht reagiert, fährt fort, sein Leben zu verlieren.
Benedict XVI

Inspirierendes

Gott liebt dich! Sei fröhlich und lächle!
Danke Gott gerade heute; all dein Streben und
dein Bemühen unterstehen der Fürsorge Gottes!
Joe-Barth Chiemeka Abba

Jugend, Entwicklung und Reife

1. Junge Menschen sollten stets frohgemut, edelmütig und beherzt sein im Kampf des Bösen mit dem Guten.
Papst Johannes Paul II (1920-2005)

2. Nichts ist so sehr zu fürchten wie die Angst.Henry David Thoreau (1817-1862), amerikanischer Schriftsteller,
Dichter und Philosoph

3. Die enge Vertrautheit eines jungen Menschen mit Gott und der Religion bringt viele göttliche Vorteile.
Joe-Barth Chiemeka Abba

4. Ein echtes Kind Gottes findet in seinem Leben viele Gelegenheiten, Gutes zu tun und so bereit zu werden für den Himmel.
Pius E. O. Okpaloka

5. Ein Mensch muss seine Mittelmäßigkeit nicht selten seiner geistigen Faulheit zuschreiben.
Michaela Watzeck

6. Christi Liebe zu kleinen Kindern und Jugendlichen zeigt sich in der standhaften und unerschütterlichen Güte Johannes Pauls II: Er überrascht die Welt und beweist, wie sehr er liebt und über die Äußerlichkeiten hinweg in das Herz der Jugend sieht, um das innewohnende Gute darin zu entdecken.
Michaela E. Lugmaier

7. Einen klugen jungen Mann erkennt man ganz schnell an dem, was er nicht sagt.
Autor unbekannt

8. Klugheit ist kein Exklusivrecht der Älteren, daher soll die Jugend die Chance bekommen, ihre Vernunft zu gebrauchen.
Autor unbekannt

9. Nicht von den Meistern, sondern von ihresgleichen lernt die Jugend das Weltwissen kennen.
Oliver Goldsmith (1728-1774), englisch-irischer Schriftsteller, Dichter und Arzt

10. Keine Armee der Welt kann der Kraft einer Idee widerstehen, deren Zeit gekommen ist.
Victor Hugo (1802-1885), französischer Dichter und Menschenrechtsaktivist

11. Die Furcht ist ein Feigling: Tritt ihr entgegen und sie wird flüchten.
Ben Williams

12. Ein kluger, junger Mensch sollte weder ein turbulentes Leben führen, noch sollte er sich die Hände schmutzig machen, um über Nacht so zu werden wie viele seiner Zeitgenossen. Stattdessen sollte er sich mit allem aufrichtigen Bemühen von Gottes Weisheit leiten lassen.
Joe-Barth Abba

13 .Die frühe vorsorgliche Furcht ist die Mutter der Sicherheit.
Edmund Burke (1729-1797), irischer Staatsmann, Schriftsteller und Philosoph

14. Wenn die eitle Ehrsucht erst einmal voll Besitz von der Seele ergriffen hat, gebiert sie bald schon ein siebenfaches Böses: Ungehorsam, Prahlerei, Heuchelei, Streitsucht, Sturheit, Zwietracht und das Verlangen nach im-

mer neuem – auch sündigem – Vergnügen.
Der Heilige Ambrosius (337-397), römisch-katholischer Bischof von Mailand

15. Die Jugend ist der Menschheit kostbarster Schatz. Kluge Länder sollten wesentlich mehr zu ihrem Schutz und Wohl aufwenden.
Joe-Barth Abba

16. Charakter ist nur eine immer wieder geübte Gewohnheit.
Plutarch (46-120), römischer Geschichtsschreiber u. Biograph

17. Der Charakter kommt nicht fertig zur Welt, sondern wird nach und nach geschaffen.
Edna Lyall (1857-1903), englischer Romanschriftsteller

18. Junge Leute brauchen Schutz, Führung, Fürsorge und eine liebevolle Umgebung, damit sie den Verführungen der Gewalt, der Kriminalität, skandalöser Dinge und anderen unmoralischen Handlungen widerstehen können.
Father Joe-Barth Abba

19. Der gesunde Menschenverstand gehört zum Instinkt. Genug davon ist schon genial.
George Bernard Shaw (1856-1950), irischer Dramatiker

20. Wer mit den Unvollkommenheiten des Menschen im Streit liegt, tadelt Gott!
Edmund Burke (1729-1797), irischer Staatsmann, Schriftsteller und Philosoph

21. Vergebung ist die Tugend des Sieges.
Giuseppe Mazzini (1805-1872), italienischer Patriot, Philosoph und Politiker

22. Obwohl unsere heutige Gesellschaft bis zu einem gewissen Ausmaß alle Sorten von Bösem kennt, wird doch nur ein verdrehter Geist nichts Gutes in unserer heutigen Jugend sehen. Sie bedarf unserer Güte, Liebe, Aufmerk-

samkeit und Führung.
Joe-Barth Abba

23. Der erste und schlimmste Betrug ist der Selbstbetrug – danach fällt jede Sünde leicht.
Philip James Bailey (1816-1902), engl. Dichter u. Schriftsteller

24. Verzweifle niemals! Der Mensch kann ohne Hoffnung und Gottvertrauen kein glückliches Leben führen.
Richard Schitterer

25. Der Vater sandte Seinen Sohn in die Welt, um die Armen zu verteidigen.
Augustinus v. Hippo (345-430), Bischof, Philosoph u. Theologe

26. Achte auf die Wechselwirkung in deinem Umgang mit Menschen: Viele könnten dich nach deinen Taten, nicht nach deinen guten Absichten beurteilen!
Joe-Barth Abba

27. Kein Leben ist vollkommen, das nicht gelebt worden ist -Jugend fühlt, Männlichkeit kämpft und das Alter meditiert.
Wilfrid Scawen Blunt (1840-1922), englischer Dichter

28. Alle Verstandestätigkeiten bedürfen des Gedächtnisses.
Blaise Pascal (1623-1662), französischer Mathematiker, Physiker und Philosoph

29. Aufgeschlossenheit ist gut: Nur muss man achtgeben, was man in sich aufnimmt.
Autor unbekannt

30. Was die Sonne den Blumen, das ist das Lächeln der Menschheit.
Joseph Addison (1672-1719), Dichter und Politiker

31. Für einen Menschen heißt das Erfolgsgeheimnis bereit zu sein, wenn die Gelegenheit kommt.

Benjamin Disraeli (1804-1881), britischer Politiker und Literat

32. Wer sich jedem anpasst, hat sich bald selbst verpasst.
Raymond Hull (1919-1985), kanadischer Dramatiker und Drehbuchautor

33. Freude oder Leid der Jugend hängen im Grunde nur davon ab, wie man mit seiner Jugend fertig wird.
Joe-Barth Abba

34. Jugend – das ist die Gelegenheit, etwas zu tun und etwas zu werden.
Theodore T. Munger (1830-1910), amerikanischer Geistlicher

35. Lachen und Lächeln sind zwar keine Krankheiten, aber sie sind ansteckend. Ein lächelndes Gesicht wird ein anderes sehr schnell erheitern.
Joe-Barth Abba

36. Kein Land kommt ohne Sittlichkeit, ohne das Potenzial der Jugend und ohne gute Wirtschaft aus.
Ngozi Chukwu Okonjo- Iweala

37. Die Jugend kennt das Alter nicht; das Alter hat vergessen, was Jugend war.
Seumas MacManus (1868-1960), irischer Dramatiker, Dichter und Schriftsteller

38. Ein junger Mensch, der im Leben wahrhaft Gott nachfolgt, den wird Gott mannigfaltig segnen.
Allen H. Vigneron

39. Die Jugend ist die Zeit der Hoffnung, der Unternehmung und der Energie. Das gilt für den Einzelnen wie für ein ganzes Land.
William Henry Williams (1852-1941), englischer Professor, Philosoph und Schriftsteller

40. Die Höhen und Freuden der Jugend hängen haupt-

sächlich von ihrer Erziehung ab.
Father Joe-Barth Abba

41. Jugend ist ein grober Fehler, das Mannesalter ein Kampf, der Lebensabend ein Bedauern.
Benjamin Disraeli (1804-1881), brit. Staatsmann u. Literat

42. Ein jugendlicher gläubiger Christ bemüht sich die Stunden seines Gebets mit nichts anderem zu vertauschen, denn diese Zeit ist einzig Gott gewidmet.
Joe-Barth Abba

43. Könnte man doch nur die Jugend beeinflussen – die Erde würde zum Himmel werden.
Katharine Tynan Hinkson (1861-1931), irische Dichterin und Romanschriftstellerin

44. Die Jugend sollte jede Gelegenheit ergreifen, ein gutes Leben zu führen, um glücklich zu werden, gesund zu bleiben und sich zu vervollkommnen.
Jan Hendriks

45. Der Mensch ist Herr seiner selbst: Allein aus seinem Erfindungsreichtum heraus könnte er die Welt bewegen.
Joe-Barth Abba

46. Die Jugend blickt nach vorn, das Alter zurück, das mittlere Lebensalter blickt müde drein.
Autor unbekannt

47. Das beste Heilmittel für den Zorn ist der Aufschub.
Seneca (4 v. Chr. – 65 n. Chr.), römischer Philosoph und Staatsmann

48. Jugend ist eine Sache, eine andere dagegen, die Würde der Jugend durch Selbstbeherrschung zu bewahren.
Joe-Barth Abba

49. Bevor du dich über die Fehler eines anderen aufregst,

nimm dir Zeit und zähle dir zehn deiner eigenen auf.
Joe-Barth Abba

Inspirierendes

50. Besser, man plant wohlüberlegt, bevor man handelt und es hernach bereuen muss.
Joe-Barth Abba

51. Alles kann man gebrauchen und missbrauchen. Selbst unser Lächeln und Lachen sollte uns und anderen nicht zur Lächerlichkeit gereichen, oder gar zum Toren machen.
Joe-Barth Abba

52. Lass dich nie außer Ruhe bringen, nur weil Probleme im Leben auftauchen; verleugnen allerdings sollst du sie auch nicht.
Paul Mc Partlan

53. Wir sollten in all unserem Tun eine Grenze kennen. Selbst beim Lachen sollen sich unsere Gesichtszüge auch wieder glätten.
Joe-Barth Abba

54. Wir haben zwei Ohren, aber nur einen Mund. Das heißt: Wir sollen mehr zuhören und weniger reden.
Zeno von Kition (334-262 v. Chr.), griechischer Philosoph

55. Tränen erinnern deinen Kopf an dein Herz.
Abraham Lincoln (1807-1865), sechzehnter Präsident der Vereinigten Staaten

56. Junge Menschen sollten sich um eine Ausgewogenheit in Freiheit, Disziplin und Verantwortlichkeit in ihrem Leben bemühen und schon zu Beginn ihrer Reife auf ein Leben von Qualität hinarbeiten.
Joe-Barth Abba

57. Wachstum bedeutet größere Verantwortlichkeit.
Autor unbekannt

58. Jeder vernünftige Jugendliche oder Erwachsene sollte die immense Bedeutung seiner Eltern schätzen.
Frank und Sabine Ameis

59. Echte Gewinner sind normale Menschen mit außerordentlicher Zielstrebigkeit und Ausdauer.
Günter Scherzl

60. In jungen Jahren bewunderte ich die Klugen. Jetzt, wo ich alt bin, bewundere ich die netten Menschen.
Abraham Heschel (1907-1972), poln. Rabbi u. jüd. Theologe

61. Schlechte Angewohnheiten sind wie ein gemütliches Bett: Reinkriechen ist leicht, wieder herauskommen fällt schwer.
Joe-Barth Abba

62. Ich werde all meine Brüder ohne Unterschied lieben.
John Berchmans (1599-1621), Jesuit und Seminarist

63. Glaube und Mut braucht das Leben.
Joe-Barth Abba

64. Lache Menschen nicht aus, die nicht viel wissen, denn jeder von ihnen weiß etwas, das du selbst nicht weißt.
Zigeunersprichwort

65. Kirche und Gesellschaft einer Nation sollte stets an einer guten Erziehung ihrer Jugend gelegen sein.
Rainer Maria Kardinal Woelki

66. Wir sind in Wirklichkeit drei: Der, der wir zu sein glauben, der, für den uns andere halten und der, als den Gott uns kennt.
Autor unbekannt

67. Die Jugend ist unbeständig; bald schon kann sie er-

blühen wie eine Blume – um dann bald zu verwelken.
Joe-Barth Abba

68. Eine Nation ohne Jugend ist eine Nation ohne Zukunft.
Joe-Barth Abba

69. Das Schwierige zieht den Mann von Charakter an, denn im Erfassen der Schwierigkeit erkennt er sich selbst.
Charles de Gaulle (1890-1970), franz.General und Staatsmann

70. Die Jugend sollte ihre Probleme recht einschätzen und ihnen mit einem Schlachtplan begegnen.
Joe-Barth Abba

71. Beurteile dich stets an dem, wie andere sich dir gegenüber verhalten, damit du im Leben vorwärts kommst.
Joe-Barth Abba

72. Eine Nation bedarf ihrer Jugend wie die Pflanze der Knospe.
Joe-Barth Abba

73. Mag auch jeder hervorragend scheinen – es ist eben nur Schein.
Thomas von Aquin (1224-1274), römisch-katholischer Priester, Philosoph und Theologe

74. Ein Baby ist ein Engel, dessen Flügel mit dem Wachstum der Beine zurückgehen.
Französisches Sprichwort

75. Gebt der Jugend gute Führung, damit sie nicht unter dem zu leiden hat, was wir selbst in jüngeren Jahren erfahren haben mögen.
Joe-Barth Abba

76. Soll etwas gut gemacht werden, musst du es selbst machen.
Henry W. Longfellow (1807-1882), amerikan. Erzieher u. Dichter.

77. Die Blüte der Jugend scheint nie schöner, als wenn sie sich der Sonne der Gerechtigkeit entgegenstreckt.
Matthew Henry (1662-1714), englischer Geistlicher

78. Der schlimmste Fehler, den eine Generation oder eine Nation begehen kann, ist, deren Kinder und junge Leute ohne praktisches Wissen von Gott zu lassen?
Joe-Barth Abba

79. Manchmal werden große Schwierigkeiten nur zugelassen, um den Charakter zu stärken.
Robert H. Benson

80. Um das Herz der Jugend zu gewinnen, sollten Kirche und Staat sie immer schon in jungen Jahren über Gott und die Menschheit belehren.
Father Joe-Barth Abba

81. Reputation besteht in dem, was Männer und Frauen über uns denken; Charakter ist, was Gott und die Engel über uns denken.
Thomas Paine (1737-1809), britischer Revolutionär

82. Dein Einfallsreichtum kommt nicht so sehr von dir selbst als von Gott.
Markus Söder

83. Wir müssen die Liebe anderer Menschen annehmen und uns ihrer erfreuen und sie auch erwidern.
Die Gefühle anderer dürfen wir nicht verletzen, noch deren Erwartungen in uns enttäuschen, denn auf diese Weise und durch andere gute Taten kann unser Name in dieser Welt zu Unsterblichkeit gelangen.
Autor unbekannt.

84. Ein junger Mensch, der schon ein gewisses Maß an Reife erlangt hat, sollte auf der Hut sein und große Erwartungen in sich setzen, statt ein sorgloses und hoffnungs-

loses Leben zu führen.
Joe-Barth Abba

85. Ein kluger und gebildeter junger Mensch ist heute die Hoffnung der zukünftigen Gesellschaft.
Kurt Widmaier

86. Der Staat sollte genug Vorsorge treffen, jungen Menschen den nötigen Anstoß für die Entwicklung ihrer Talente zum Fortschritt der Nation zu geben.
Joe-Barth Abba

87. Die jungen Leute sollten geschätzt und ermutigt werden, denn sie bilden den Lebensdraht für die Zukunft einer Nation.
Markus Hofmann

Kultur, Geschäft, Sport und Tod

1. Heute lebt ein Mensch, doch schon morgen ist er verschwunden. Kaum ist er außer Sicht, ist er auch bald aus dem Sinn.
Thomas à Kempis (1380-1471), röm-kathol Mönch u. Schriftsteller

2. Ein rechenschaftsloses Leben ist es nicht wert, gelebt zu werden.
Sokrates (439-399 v. Chr.), griechischer Philosoph

3. Lebe jeden Tag aufs Intensivste. Hole das Maximum heraus aus jeder Stunde, jedem Tag und jedem Lebensalter. So kannst du vertrauensvoll in die Zukunft und ohne Bedauern in die Vergangenheit blicken.
S. H. Payer

4. Wenn du geliebt wirst, erweise dich dieser Liebe auch als würdig.
Ovid (43 v. Chr. - 18 n. Chr.), römischer Dichter

5. Dem Narren ist das Alter ein Winter, dem Klugen die Ernte.
Louis N. Fortin

6. Das Verständnis des Menschen von Arbeit und vom missionarischen Heilswerk ist immer ganz wichtig
Joe-Barth Abba

7. Nicht das ist das Traurige am Leben, dass es so schnell vorüber ist, sondern dass wir so lange warten, damit anzufangen.
W. M. Lewis

8. Das Leben ist kurz, die Informationen ohne Ende: Niemand hat Zeit für alles.
Aldous Huxley (1894-1963), englischer Schriftsteller

9. Die Zeit wird nicht am Fluss der Jahre gemessen, sondern an dem, was jemand tut, fühlt und erreicht.
Jawaharlal Nehru (1889-1964), Premierminister von Indien

10. Ein untätiger Mensch verschwendet nicht nur Zeit, sondern auch sich selbst.
Taddeo Onoyima

11. Die Welt ist voll der Ironie; die Menschen schwätzen immerzu. Sollen drei ein Geheimnis bewahren, müssen zwei verstorben sein.
Samuel Johnson (1709-1784), englischer Schriftsteller

12. Ein kluger Mann vertraut seine Eier nicht nur einem einzigen Korb an.
Miguel de Cervantes (1547-1616), spanischer Romanschriftsteller, Dichter und Dramatiker

13. Die Zeit ist dem Lebenden höchst kostbar; nur der kluge Mensch macht jedoch von jedem Moment und jeder Gelegenheit sinnvollen Gebrauch.
Joe-Barth Abba

14. Davon bin ich überzeugt: Wenn immer ein Mann lächelt – und noch mehr, wenn er lacht –, bereichert er augenblicklich das Leben.
Laurence Sterne (1713-1768), engl. Schriftsteller u. Geistlicher

15. Die Zivilisation ist kein Zustand, sondern eine Bewegung; sie ist eine Reise, kein Hafen.
Arnold J. Toynbee (1889-1975), kritischer Historiker

16. Richtig denken ist klug, richtig planen noch klüger; richtig zu handeln ist das Klügste und Beste.
Persisches Sprichwort

17. Die Hast bringt nicht nur den Heiligen zu Fall, sondern auch den Künstler.
Thomas Merton (1915-1953), römisch-katholischer Mönch, Dichter und Schriftsteller

18. Ein Mann, der seine kostbare Zeit vernachlässigt, verwirft Gelegenheiten, die er für die Zukunft gewonnen oder erreicht hätte.
Wolfgang Schwirz

19. Zeit ist letztlich der beste Lehrer.
Hilaire Belloc (1870-1953), franz. Schriftsteller und Historiker

20. Wer nach Großem oder Vorzüglichem strebt, sollte die Ewigkeit schätzen und seine Zeit gut einteilen.
Joe-Barth Abba

21. Den Zeitpunkt klug wählen heißt Zeit sparen.
Francis Bacon (1561-1626), englischer Philosoph, Staats mann und Schriftsteller

22. Gut geplante Zeit ist das sicherste Kennzeichen eines gut organisierten Geistes.
Isaac Pitman (1813-1897), englischer Lehrer und Erzieher

23. Der vernünftige und gewissenhafte Gebrauch seiner

Zeit und Gelegenheit wird mit Sicherheit Freude und Gewinn bringen.
Joe-Barth Abba

24. Wer die Zeit totschlägt, begeht „Selbstmord".
Autor unbekannt

25. Eine der wichtigsten Lebensregeln nach der Gottesfurcht heißt Zeiteinteilung.
Josef Waiß

26. Mit dem fortschreitenden Alter lernen wir unsere Grenzen kennen.
James A. Froude (1818-1894), engl. Historiker u. Schriftsteller

27. Die Zukunft gehört den Gläubigen, nicht den Skeptikern und Zweiflern. Die Zukunft gehört den Liebenden, nicht den Hassenden.
Papst Pius XII (1876-1958,

28. Die berühmtesten Männer der Vergangenheit nicht zu kennen, bedeutet, lebenslang im Zustand der Kindheit zu verharren.
Plutarch (46-120), röm. Geschichtsschreiber und Biograph

29. Zeit ist kostbar. Je mehr man sie totschlägt, umso mehr trägt man die nächste Chance zu Grabe.
Joe-Barth Abba

30. Jesus Christus ist der Grundstein, auf dem der Christ erbaut wird.
Petrus 2,4-8

31. Wer seine Zeit recht einteilt, praktiziert die Tugend der Nächstenliebe. Verspätung ist niemals eine Tugend. Achte umso mehr die Zeit, und du achtest die Gefühle anderer; die werden dich dafür lieben und dir vertrauen.
Joe-Barth Abba

32. Traditionelle Werte sind auch in der modernen Gesellschaft von Bedeutung.
Augustine Akubeze

33. Gott beherrscht die Geschichte, daher sollte die Menschheit Acht geben, wie sie mit den Ereignissen des Lebens spielt.
Horst Seehofer

34. Tennis, Fußball, ja, alle Spiele dienen der Freude und sind uns förderlich, wenn wir uns mit all unserer Energie zielstrebig einsetzen.
Roger Federer/Rafael Nadal

35. Sind uns alle Wege verschlossen, müssen wir uns einen neuen bahnen.
Winston Churchill (1874-1965), britischer Premierminister

36. Ein ordentlicher, disziplinierter Mensch kann es sehr weit bringen.
Benedikt Flexeder

37. Im Leben sollten wir uns mehr den Herausforderungen widmen.
Ernst und Alwine Brunner

38. Das, was wir im aufrichtig gefeierten Jubiläumsjahr 2000 gewonnen haben, wird sich auch in den kommenden Jahren zeigen: Es wird uns dazu bewegen, die gute Nachricht von Jesus Christus mit noch größerer Freude zu bezeugen.
Steffen Kolb

39. Ein Fußballmatch ist etwas anderes als die Mathematik, die stets Lösungen bereithält. Beim Fußball steht das Ergebnis erst dann fest, wenn der Schiedsrichter das Spiel abpfeift.
Timo Werner/ Austin Jay-Jay Okocha

40. Fußball ist eine der berühmtesten Sportarten. Danke an die Briten und Griechen – an die intelligenten Männer, die dieses Spiel erfunden haben, um Gemeinschaft zu erleben und zu zeigen, dass man im Leben nicht immer gewinnen kann.
Joe-Barth Abba

41. In jedem Wettbewerb, und so auch im Fußball, spielt sportliche Fairness eine große Rolle. Ob man gewinnt oder verliert – man sollte es guten Glaubens tun.
Joachim Löw / Michel Platini

42. Könnte man die Art der Freude über ein gewonnenes Fußballmatch auf den Menschen übertragen, so könnten wir vielleicht zum richtigen Verständnis, Frieden und zur Einheit kommen, die Gott von uns erwartet.
Joe-Barth Abba

43. Das Fußballspiel ist fantastisch, aber es braucht genügend Energie und Konzentration.
Kaiser Beckenbauer/Felix Magath

44. Der Sport schenkt nicht nur Freude, sondern führt auch sonst zu Gutem; er könnte auch Nationen vereinen.
Rainer Maria Kardinal Woelki

45. Zeit ist, was uns auf der Bank Gottes gutgeschrieben ist, aber niemand kennt den Kontostand.
Ralph W. Sockman (1889-1970), amerikanischer Geistlicher.

Das Verständnis des Menschen von Arbeit und missionarischem Heilswerk

1. Die schlimmsten Übel sind der Mangel an Liebe und Barmherzigkeit, die schreckliche Gleichgültigkeit gegen

seinen Nachbarn auf der Straße, das Opfer der Ausbeutung, der Zerstörung, der Armut und der Krankheit.
Mutter Teresa (1910-1997), röm.-kath. Nonne aus Albanien

2. Hass und Furcht vergiften das Blut.
Pythagoras v. Samos (ca. 570-510 v. Chr.), griech.Mathematiker

3. Je näher wir Christus kommen, desto ähnlicher werden wir Ihm – eine gute Vorbereitung für das ewige Leben im Himmel.
Joe-Barth Abba

4. Wenn du geliebt wirst, erweise dich dieser Liebe auch als würdig.
Ovid (43 v. Chr. - 18 n. Chr.), römischer Dichter

5. Ein großer und trauriger Umstand der menschlichen Existenz: Viele Menschen haben großen Misserfolg im Leben, während andere viel erreichen, ohne dabei merklich behindert zu werden.
Valentin Dessoy

6. Den Heiligen Rosenkranz zu beten ist nicht ermüdend. Es ist vielmehr das einfache, beliebte und gnädige Gebet der Heiligen.
Joe-Barth Abba

7. Stille Momente mit dem Herrn sind die Belohnungen des Lebens.
Joe-Barth Abba

8. Das Leben muss vorwärts gelebt werden, kann aber erst im Nachhinein verstanden werden.
Søren Kierkegaard (1813-1855), dän. Philosoph und Theologe

9. Willst du im Leben Erfolg haben, dann mach die Ausdauer zu deiner Busenfreundin, die Erfahrung zur weisen Ratgeberin, die Vorsicht lass deine ältere Schwester sein und die Hoffnung dein Schutzengel.

Joseph Addison (1672-1719), englischer Dichter und Politiker

10. Das Leben steckt voller Gelegenheiten, Gutes zu tun und bestimmte unglückliche Situationen zu vermeiden, wenn wir nur darauf achtgeben, wie wir unser Leben führen.

11. Der Tod gehört wie die Geburt zu unserer Natur.
Francis Bacon (1561-1626), engl. Philosoph, Staatsmann u.Schriftsteller

12. Ich habe gelernt, durch die Minimierung von Stress, Ängsten und Wünschen glücklich zu sein.
Daniela Zimmer

13. Um die abgründige Kluft zwischen arm und reich zu überwinden, bedürfen wir der Stärke, andere wahrhaft zu lieben.
Francis A. Oborji

14. Geschätzt und von anderen gut behandelt zu werden trägt zur Selbstannahme bei. Lasst uns als Einzelne Gutes tun und uns selbst und andere gut behandeln.
Joe-Barth Abba

15. Hass und Bitterkeit können die Krankheit der Angst nicht heilen; das kann nur die Liebe. Der Hass lähmt das Leben, die Liebe befreit es. Hass bringt es durcheinander, die Liebe harmonisiert es. Hass verdunkelt das Leben, die Liebe erleuchtet es.
Martin Luther King jr. (1929-1968), amerikanischer Geistlicher und Bürgerrechtler

16. Die Menschen müssen lernen, als eine Familie in Liebe miteinander zu leben, oder sie müssen allesamt vergehen.
John Bertram Philips (1906-1982), Bibelübersetzer, Schriftsteller und Geistlicher

17. Einem bescheidenen Herzen entströmen menschlicher Anstand und reine Absichten.
Francis E. George

18. Ich habe mich entschlossen, zu lieben; die Last des Hassens ist zu schwer zu ertragen.
Martin Luther King Jr. (1929-1968), amerikan. Geistlicher u. Bürgerrechtler

19. Nichts verursacht mehr Kosten als Unwissenheit.
Horace Mann (1796-1859), amerikanischer Bildungsreformer und Politiker

20. Achte die Gefühle und Umstände anderer, dann findest du ein neues Tor zu ihren Herzen.
Joe-Barth Abba

21. Das Herz kann niemals vollständig recht haben, wenn der Verstand ganz falsch liegt.
Martin Luther King Jr. (1929-1968), amerikanischer Geistlicher und Bürgerrechtler

22. Nicht der Tod ist das ultimative Böse; das ultimative Böse soll außerhalb Gottes Liebe sein.
Martin Luther King Jr. (1929-1968), amerikanischer Geistlicher und Bürgerrechtler

23. Eines der Übel im Alter ist, dass man bei jeder kleinen Krankheit glaubt, es geht dem Ende entgegen. Es ist, wie wenn man befürchtet, eingesperrt zu werden: Jedes Klopfen an der Tür versetzt einen in Alarm.
Helmut Geuking

24. Unseren Nächsten zu sehr lieben – das können wir nicht.
Franz v. Sales (1567-1622), röm.-kathol. Bischof v. Äthiopien

25. Das Schmeicheln fällt dem Menschen leichter als das Loben.
Jean Paul (1763-1825), deutscher Schriftsteller

26. Schmeichelei verdirbt den Schmeichler und den Geschmeichelten.
Edmund Burke (1729-1797), irischer Staatsmann, Schriftsteller und Philosoph

27. Wenn echte Liebe Wunden heilen und Frieden stiften könnte, dann sollten jene, die wahrhaft lieben, ihr Geheimnis schützen und schätzen.
Joe-Barth Abba

28. Gäbe es keinen Gott, man müsste ihn erfinden.
Voltaire (1694-1778), französischer Schriftsteller u.Philosoph

29. Die Idee der vollkommenen Liebe ist es, wenn du wahrhaft gut von dir selbst denkst und das Wohl der anderen im Sinn hast.
Roger Mahony

30. Das Gewissen ist Gottes Gegenwart im Menschen.
Emanuel Swedenborg (1688-1772), schwedischer Mystiker, Philosoph und Theologe

31. Wenn es um das Gewissen geht, hat das Gesetz der Mehrheit keinen Platz.
Mahatma Gandhi (1869-1948), politischer und geistlicher Führer Indiens

32. Diese Welt ist das Land der Sterbenden; die nächste Welt ist das Land der Lebenden.
Tyron Edwards (1809-1894), amerikanischer Theologe

33. Hass ist der Irrsinn des Herzens.
Lord Byron (1788-1827), britischer Dichter

34. Müßiggang ist die Zuflucht schwacher Geister.
Lord Chesterfield (1697-1773), brit. Staatsmann und Diplomat

35. Meiner Erfahrung nach haben Leute, die keine Laster haben, auch sehr wenig Tugenden.
Abraham Lincoln (1809-1865), sechzehnter Präsident der

Vereinigten Staaten

36. Es ist einfach, unserer Verantwortung auszuweichen; den Konsequenzen dieses Manövers auszuweichen gelingt dagegen nicht.
Josiah C. Stamp (1880-1941), briti. Industrieller, Ökonom u. Bankier

37. Man lernt, wenn man das Neue mit dem Alten verknüpft, das Fremde mit dem Vertrauten zu vereinigen.
Wolfgang Fischer

38. Der Mensch ist von Natur ein vielschichtiges Geschöpf. Als solches kann er noch oft Heilung und Rat nötig haben.
Autor unbekannt.

39. Ein kluger Mann muss lernen, sich selbst zu beherrschen, seine Leidenschaften im Zaum zu halten und die Situation im Griff zu haben.
Eugene de Mazenod, OMI

40. Obschon wir an weltlichen Gütern nicht gleichgestellt sind, können wir doch einen gemeinsamen Maßstab der Nächstenliebe erreichen.
Joe-Barth Abba

41. Wir müssen eilen, im Hier und Jetzt zu tun, was uns in der Ewigkeit von Nutzen ist.
Benedict von Nursia (480-547), italienischer Heiliger und Begründer des christlichen Mönchtums im Westen

42. All unsere Taten auf Erden wirken für unsere Erlösung oder für unsere Verdammnis. Wir müssen vorsichtig handeln, wo immer wir sind.
Ludwig Schick

43. Was ich bin, ist Gottes Geschenk an mich; was ich werde, ist mein Geschenk an Gott.

Augustinus von Hippo (345-430), Bischof, Philosoph und Theologe

44. Dankbarkeit ist ein Heilmittel, das niemand vernachlässigen darf.
Jean Jacques Rousseau (1712-1778), französischer Philosoph und Schriftsteller

45. Ich liebe dich nicht dafür, was du bist, sondern dafür, was ich bin, wenn ich bei dir bin.
Roy Croft (1907-1973), amerikanischer Dichter

46. Im Herzen verschlossene Liebe ist wie ein geschriebener, aber nicht abgesandter Brief.
Jane Lindstrom

47. Die Zunge hat keine Knochen; trotzdem kann sie dir das Genick brechen.
Italienisches Sprichwort

48. Um groß zu sein, muss man bescheiden, selbstlos und offen sein.
Joe-Barth Abba

49. Der Hass fügt dem Hassenden größeren Schaden zu als dem Gehassten.
Günther Geuking

50. Achte auf deine Feinde, denn sie sind die Ersten, die deine Fehler entdecken.
Antisthenes (445-365 v. Chr.), griechischer Philosoph

51.Reichtum ist wie Salzwasser – je mehr du davon trinkst, desto durstiger wirst du.
Römisches Sprichwort

52. Ein Diamant kann nicht auf Hochglanz gebracht werden, ohne dass man an ihm reibt. So kann auch der Mensch nicht ohne Prüfungen zur Vollkommenheit ge-

langen.
Chinesisches Sprichwort

53. Wer vorgibt, jemandes Wünsche durch Besitz befriedigen zu können, gleicht einem, der versucht, Feuer mit Stroh zu löschen.
Chinesisches Sprichwort

54. Man kann ohne Liebe geben, aber nicht lieben, ohne zu geben.
Sabine Bauer

55. Die Menschen sind verschieden im Verhalten, in den Vorlieben und Abneigungen. Daher ist der Mensch auch ein so geheimnisvolles Wesen.
Joe-Barth Abba

56. Die Vergebung ist eine seltsame Sache: Sie wärmt das Herz und kühlt den Stachel.
William A. Ward (1921-1994), amerikanischer Verfasser inspirierender Aphorismen

57. Durch Ausdauer hat es auch die Schnecke auf die Arche geschafft.
Charles Spurgeon (1834-1892), britischer Baptistenprediger

58.Wir haben gelernt, wie Vögel am Himmel zu fliegen und im Meer zu schwimmen wie die Fische, aber wir haben versäumt zu lernen, einfach als Brüder zusammen zu leben.
Martin Luther King Jr. (1929-1968), amerikanischer Geistlicher und Bürgerrechtler

59. Die Kirche Christi und besonders der Klerus sollte beständig, gewissenhaft und in aller Bescheidenheit die Geheimnisse, die Herrlichkeit, die Kraft und Würde des Priestertums vor deren Feinden schützen und verteidigen, denn diese schaffen aus dieser heiligen Berufung nichts

weiter als einen weltlichen Beruf.
Joe-Barth Abba

60. Erfolg im Leben hängt mehr mit dem Willen zusammen als mit der Intelligenz.
J. G. Donceel

61. Wenn du keine großen Dinge tun kannst, dann tue kleine Dinge auf großartige Weise.
Napoleon Hill (1883-1970), amerikanischer Schriftsteller

62. Mit dem Verstreichen jedes Tages werden wir älter; werden reifer und gehen dem Tod entgegen.
Joe-Barth Abba

63. Der größte Liebesbeweis besteht darin, sich selbst in der Einheit mit Christus als „Nahrung" hinzugeben.
Albert von Louvain (1166-1192), römisch-katholischer Bischof von Liége/Lüttich

64. Dankbarkeit ist die geringste der Tugenden; Undankbarkeit dagegen das größte Laster.
Thomas Fuller (1608-1661), engl. Kirchenmann u. Historiker

65. „Danke"-ein Wort, das uns nichts kostet, das uns aber mit aller Höflichkeit und Freiwilligkeit vor allerlei Unsicherheiten bewahren kann.
Hildegard J.T. Plank

66. Im Heute gut gelebt – so wird jeder vergangene Tag ein Traum vom Glück und jeder zukünftige eine hoffnungsvolle Aussicht.
Karlheiz Hein-Rothenbuecher

67. Gib Acht vor dem, was du erreichen willst – du könntest es bekommen!
W. Donnel

68. Du selbst schon bist ein Gedanke der Liebe Gottes:

Er hat dich nach Seinem Ebenbild und nach Seiner Güte geschaffen.
Christian Claus

69. Sich dem Willen Gottes hinzugeben ist die Praxis jeder Tugend.
Heiner Koch

70. Der Mensch kann Gott mit seinem Geld dienen; aber der Mensch kann beide nicht wahrhaftig anbeten.
Joe-Barth Abba

71. An Liebe und Schmerz erinnert sich unser Herz lange.
Peter Byrne

72. Die Kirche zu lieben heißt ein wahrer Christ zu sein, der der Welt die Gegenwart Christi bezeugt.
Stefan Heße

73. Alles zu wissen ist nicht so wichtig, wie alle zu lieben.
Peter Wiesel

74. Jeder echte Christ findet Gelegenheit, andere zu lieben und ihnen Gutes zu tun.
Jans Hendriks

75. Glückselig die Freundlichen, denn man wird sich ihrer in Liebe erinnern.
Peter Byrne

76. Die Saat echter und unbedingter Liebe trägt der Ehre Gottes und der Menschheit große Frucht.
Joe-Barth Abba

77. Mit aufrichtiger Liebe sei großzügig – nichts davon ist verschwendet.
Gerti und Roland Hauber

78. Das zentrale Geheimnis unseres Glaubens ist die Lehre von der Auferstehung Christi, die jeden von uns täglich

daran erinnert, unseren Glauben hoffnungsvoll, wahrhaftig und im Hinblick auf das ewige Leben zu praktizieren.
John O. Onaiyekan

79. Die Leidenschaft ist kein guter Regulator, aber eine machtvolle Quelle.
Ralph Waldo Emerson (1803-1893), amerikan. Philosoph

80. Gottes Liebe ist in Seiner Schöpfung stets am Wirken, nur wir sind als Teil Seiner Schöpfung nicht klug genug, uns dieses kostbaren Geschenks der Gnade zu erfreuen.
Joe-Barth Abba

81. Jeder kann zum Frieden und zu einem harmonischen Leben in unserer Gesellschaft beisteuern.
Valerian M. Okeke

82. Wird die Frage schon an der Tür abgewiesen, kommt der Zweifel durchs Fenster.
Benjamin Jowett (1817-1893), engl. Gelehrter und Theologe

83. Der Mensch bleibt ein Rätsel – unergründlich und geheimnisvoll. Ihn in all seiner innersten Totalität zu kennen und zu begreifen, dürfte genauso schwer sein, wie einen Weg durch einen dichten Wald zu finden.
Meggy Seeburger

84. Die Liebe ist langmütig, die Liebe ist gütig.
Korinther 13,4

85. Zu lieben ist eine Entscheidung. Wir sind geschaffen, zu lieben und als wahre Abbilder Gottes gut voneinander zu denken.
Joe-Barth Abba

86. Es gibt keine wichtigere Pflicht, als die Dankbarkeit zu erwidern.
Ambrosius (337-397), römisch-katholischer Bischof von Mailand

87. Es bedarf der harmonischen Nächstenliebe, um unsere Lasten und Befürchtungen zu erleichtern. Dadurch wächst auch die Liebe.
Georg Gänswein

88. Weiser ist es, das Leben hoffnungsvoll, hingegeben und im Vertrauen auf Gott zu betrachten. Unser Herz sei voller Erwartung!
Tarcisio Bertone, SDB

89. Lasst uns lieben, denn echte Liebe gibt uns alles.
Autor unbekannt

90. Die Sprache der Freundlichkeit kann der Taube hören und der Blinde sehen.
Mark Twain (1835-1910), amerikan. Schriftsteller u. Humorist

91. Wenn du etwas willst, dann denk darüber nach und sage es dir oft genug vor. Dann setze dich mit deiner ganzen Persönlichkeit dafür ein. Worüber man nachsinnt, in dessen Nähe gelangt man auch.
William Lane (1861-1917), australischer Journalist

92. Ich lasse mich von meiner apostolischen Aufgabe nicht entmutigen. Ich fürchte weder den Tod, noch weigere ich mich nach Gottes Willen zu leben. Auf diese Weise kann ich mich mehr aufopfern und andere auf das ewige Leben mit Gott im Himmel vorbereiten.
Joe-Barth Abba

93. Christen und Moslems haben beide die wichtige Aufgabe, auf Erden für den Frieden einzutreten.
Denis Chidi Isizoh

94. Gott zu lieben bedeutet, Seine Gebote zu halten.
Johannes 5,3

95. Wir können den inneren Frieden, nach dem wir uns alle sehnen, nur erlangen, wenn wir unsere Herzen öffnen

und auf das hören, was Gott uns lehrt.
Die Benediktinermönche

96. Liebe Ihn mit all deiner Kraft, Ihn, der Sich selbst ganz für deine Liebe hingegeben hat.
Franz von Assisi (1181-1226), Gründer des Franziskanerordens

97. Um der Beste zu sein, muss man die größten Anstrengungen auf sich nehmen und opferwillig sein.
Hermann Scherer

98. Gottes Liebe ist niemals herablassend.
Monika Katharina Soeten

99. Die herzliche Liebe zwischen Mutter und Kind hat mich noch immer erbaut.
Alfons Brandl

100. Die Existenz des Menschen gelangt durch gute Taten auf ihr höchstes Niveau.
Patrick Kelly

101. Christen sind herausgefordert, alles zu tun, um der göttlichen Natur teilhaftig zu werden, und so zu Vorboten einer neuen Zivilisation, die auf Liebe basiert.
Joe-Barth Abba

102. Manchmal reicht ein mentaler Vorbehalt aus, ein Menschenleben zu retten, denn dein „Feind“ hat kein Anrecht auf die Wahrheit: Entweder tötet er dich oder schwächt dich.
Autor unbekannt

103. Die Seele verzehrt sich in der Liebe nur in dem Maße, in welchem sie sich ihr auch hingibt.
Thérèse von Lisieux (1873-1897), römisch-katholische Karmeliternonne und Heilige aus Frankreich

104. Wir verschwenden unsere Zeit damit, Menschen zu

beneiden, mit denen wir wahrlich nicht tauschen wollen.
Jean Rostand (1894-1977), französischer Biologe und Philosoph

105. Wenn es denn Frieden gibt, dann kommt er vom Sein, nicht vom Haben.
Henry Miller (1891-1980), amerikanischer Romanschriftsteller

106. Wenn ich schon nicht meines Bruders Hüter bin, dann wenigstens nicht sein Henker.
Marlon Brando (1924-2004), amerikanischer Schauspieler

107. Universitäre Bildung bietet Studenten, die ihre Lebensziele klug und getreu hochhalten, viele Möglichkeiten.
Ehrenfried Schulz

108. Unter den größten Gaben, die man anderen schenken kann, finden sich die Liebe, die Aufmerksamkeit und die Zeit.
Sven-Joachim Otto

109. Ich habe gedacht, ich lerne zu leben, dabei habe ich gelernt, wie man stirbt.
Leonardo da Vinci (1452-1519), italienischer Mathematiker, Erfinder und Schriftsteller

110. Wenn du geliebt wirst, erweise dich dieser Liebe auch als würdig.
Ovid (43 v. Chr. - 18 n. Chr.), römischer Dichter

Lebensziel

1. Jeder ist auf dem Weg des Lebens Baumeister seiner eigenen Zukunft. Große Ehren werden nicht nur wenigen Menschen aufgedrängt – jeder hat von Geburt an die Chance darauf.
Joe-Barth Abba

2. Der Haupturheber des eigenen Wachstums und Fort-

schritts ist man selbst.
Wilhelm Vossenkuhl

3. Der Wert unseres Lebens definiert sich nicht an unserer Habe, sondern an dem, was wir mit unseren Möglichkeiten und den gottgegebenen Talenten anfangen.
Monika und Johann Lux

4. Mehr als alles andere studiere ich mich selbst.
Das ist meine Metaphysik und meine Physik.
Michel de Montaigne (1533-1592), französischer Essayist

5. Der Mensch ist ein Wunder, ein Geheimnis und eine ungeheuer vielschichtige Erscheinung, die nur Gott ganz verstehen kann.
Joe-Barth Abba

6. Kleine Gelegenheiten sind oft der Beginn großer Unternehmungen.
Demosthenes (384-322 v. Chr.), griech. Staatsmann u. Redner

7. Das Gewissen ist eine offene Wunde; nur die Wahrheit kann sie heilen.
Usman dan Fodio (1754-1817), muslimischer Lehrer und Schriftsteller

8. Wenn die Welt voll von Elend und Herzeleid, Schmerz, Krankheit und Unterdrückung ist, dann deshalb, weil wir all das verursacht haben.
Sokrates (469-399 v. Chr.)

9. Das kleinste Körnchen Wahrheit steht oft für eines Menschen bittersten Seelenschmerz.
H. L. Mencken (1880-1956), amerikanischer Journalist, Herausgeber und Satiriker

10. Niemand ist ganz frei, genauso wie kein Mensch ganz versklavt ist. In dem Maße, in welchem ein Mensch frei ist, bedarf er der Sittlichkeit, die sein Verhalten lenkt.

Bertrand Russell (1872-1970), britischer Philosoph, Mathematiker und Historiker

11. Wenn uns die Sorge Tränen vergießen lässt, dann ist es der Glaube an die Verheißungen Gottes, der die Tränen wieder trocknet.
Augustinus vo. Hippo (354-430), Bischof, Philosoph u. Theologe

12. Die ruhmreichsten Momente im Leben sind nicht die so genannten Zeiten des Erfolgs, sondern jene Tage, in denen man – niedergeschlagen und verzweifelt – eine neue Herausforderung zu leben in sich verspürt, mithin der Gedanke an zukünftige Errungenschaften.
Gustave Flaubert (1821-1880), französischer Schriftsteller

13. Die Menschheit sollte die Zeichen der Zeit – egal welchen Zeitalters – bedenken. Die mitreißende Leidenschaft der Kriege und sinnloser Geschehnisse unserer Zeit sind der psychologischen Entwicklung der Sterblichen nicht dienlich, auch lösen sie sich nicht zugunsten eines Friedens, der Versöhnung, der Liebe auf, sondern führen im Gegenteil zu einer psychotischen Reaktion des Feindes und zum Vandalismus.
Joe-Barth Abba

14. Genie ist unendliche Sorgfalt.
Henry W. Longfellow (1807-1882), amerikanischer Erzieher und Dichter

15. Der Grund für meine feste Hoffnung auf Gott besteht darin, dass er mich aus all den angespannten Situationen und Unsicherheiten dieser Welt errettet und mich mit seinem Wohlwollen beschützt.
Joe-Barth Abba

16. Der größte Test an Mut auf Erden besteht darin, Niederlagen hinzunehmen, ohne den Glauben an den Erfolg

aufzugeben.
Robert G. Ingersoll (1833-1899), amerikan. Politiker u. Redner

17. Hoffe das Beste, aber rechne mit dem Schlimmsten.
Englisches Sprichwort

18. Klopft eine gute und Erfolgversprechende Gelegenheit an die Tür, so wird ihr der Kluge alsbald öffnen.
Joe-Barth Abba

19. Je länger man lebt, desto mehr lernt man.
Thomas Morus (1478-1535), englischer Anwalt, Schriftsteller und Staatsmann

20. Die Gemeinschaft mit Christus hat große Bedeutung für unsere Erlösung.
Thomas Hut

21. Nur ein Leben, das für andere gelebt wird, ist lebenswert.
Albert Einstein (1879-1955), deutscher Physiker

22. Wir müssen im Leben Gelegenheiten schaffen, um Gutes zu tun, der Welt wahre Liebe, Frieden, Fortschritt, Gerechtigkeit und Gottes Herrlichkeit zu bringen.
Joe-Barth Abba

23. Es geht nicht darum, dem Leben Jahr für Jahr hinzuzufügen, sondern den Jahren Leben einzuhauchen.
Alexis Carrel (1873-1944), französischer Chirurg, Biologe und Eugeniker

24. Das Leben gleicht einer Zwiebel: Du schälst eine Schale nach der anderen und musst manchmal weinen.
Carl Sandburg (1878-1967) amerikanischer Schriftsteller und Dichter

25. Der Mensch ist geboren, um zu leben, nicht um sich auf das Leben vorzubereiten.

Boris Pasternak (1890-1960), russischer Dichter u. Schriftsteller

26. Lass den Duft der Rose auf all deinen Wegen stehen, denn du weißt nicht, ob du nicht jemals wieder dort vorbeikommst.
Jane Goodall

27. Die Lebenskosten steigen, die Lebenschancen fallen.
Flip Wilson (1933-1998), amerikan. Komödiant u. Schauspieler

28. Güte, humanitäre Handlungen und was dergleichen an sittlichen Anforderungen mehr sind, könnten besser praktiziert werden, wenn man einen starken Glauben an Gott besäße, der uns inspiriert.
Joe-Barth Abba

29. Die Liebe ist nicht blind – das ist sie sogar zu allerletzt. Die Liebe ist gebunden, und je stärker sie gebunden ist, desto besser sieht sie.
G. K. Chesterton (1874-1936), englischer Schriftsteller

30. Je mehr wir lieben, desto besser werden wir; je größer unsere Freundschaften sind, desto teurer sind wir vor Gott.
Jeremy Taylor (1613-1667), britischer Geistlicher

31. Jeder Mensch hat die faire Möglichkeit, die Größe zu erlangen, die er möchte.
Jeremy Collier (1650-1726), englischer Bischof und Theologe

32. Der Adel verpflichtet einen Menschen nicht nur zur Verantwortlichkeit, zur Gewissenhaftigkeit und zur Diplomatie, sondern auch zur Dynamik und zur Standhaftigkeit.
Joe-Barth Abba

33. Wenn ich nur den heutigen Tag schaffe, so will ich mich nicht vor morgen fürchten.
Philip Neri (1515-1595), röm. -kath. Priester aus Italien

34. Jeder gesunde und glückliche Mensch sollte Gott jeden Tag danken, denn das bedeutet, von allen Dingen des Lebens das Beste zu haben.
Stefan Brunner

35. Ich war stets der Ansicht, die Handlungen des Menschen seien die besten Dolmetscher seiner Gedanken.
John Locke (1632-1704), englischer Philosoph

36. Wer denken kann, erwartet viel, wer viel erwartet, hofft viel, wer viel hofft, sollte hart daran arbeiten, es auch zu verdienen.
Joe-Barth Abba

37. Je besser man einen Edelstein poliert, desto heller strahlt er und desto geringer ist auch die Gefahr, dass sich ein Staubkorn auf ihm absetzt.
Günter Geuking

38. Das Geschäft des Lebens besteht im Vorwärtsgehen.
Samuel Johnson (1709-1784), englischer Schriftsteller

39. Wer das Wort Gottes als Gast in seinem Herzen willkommen heißt, wird bleibende Freude finden.
Ayo-Maria Atoyebi

40. Entschlossenheit und Mut sind die Schlüssel zum Erfolg. Fehler zu vermeiden, heißt mutig und ausdauernd zu sein.
Thomas Weiß

41. Heute gut gelebt – so wird jeder zukünftige Tag zur Aussicht auf Hoffnung und Glück.
Joe-Barth Abba

42. Feigheit ist im Unterschied zur Panik fast immer nur ein Mangel an Fähigkeit, seine Einbildungskraft zeitweilig aufzuheben.
Ernest Hemingway (1899-1961), amerikan. Romanschriftsteller

43. Ich halte den für tapferer, der sein eigenes Verlangen besiegt, als den, der seine Feinde besiegt. Denn der Sieg, den man täglich am schwersten erringt, ist der Sieg über sich selbst.
Autor unbekannt

44. Jedes edle Werk scheint zunächst unmöglich zu sein.
Thomas Carlyle (1795-1881), schott. Satiriker und Historiker

45. Ein kluger Mensch sollte die Gelegenheit erkennen, die Gott ihm eröffnet und sollte alles meiden, was seinem Glauben oder seinem guten Namen schaden könnte.
Stefan Schmidt

46. Jeder, der nach der Verwirklichung seiner Träume strebt, muss zunächst einmal von seinem Schlaf erwachen und seine selbstlosen Anstrengungen verstärken, seinen Traum zu erreichen.
Joe-Barth Abba

47. Der Mann, der den Berg versetzte, begann damit, kleine Steine wegzutragen.
Chinesisches Sprichwort

48. Eine gute Möglichkeit für einen jungen Menschen, ein erfolgreiches Leben zu führen, besteht in der Entwicklung eines hart arbeitenden Geistes dank seiner Willenskraft.
Thomas Andonie

49. Manch einer wird nur deprimiert, weil er schlecht begonnen hat, und es dann zu beschwerlich findet, sich dem Besseren zuzuwenden.
Joe-Barth Abba

50. Sei bereit, Erschütterungen zu verkraften, denn Eventualitäten schwieriger und unsicherer Momente sind im Leben nicht zu vermeiden.
Christoph Eichkorn

51. Das offensichtlichste Hindernis zur Selbstbeherrschung ist der Zorn. Toleranz, Geduld und Versöhnung haben große Vorteile.
Markus und Johanna Vogt

52. Das offensichtlichste Hindernis zur Selbstbeherrschung ist der Zorn.
Joe-Barth Abba

53. Ein Problem, für das es nicht wert ist, zu beten, ist es auch nicht wert, dass man sich darum sorgt.
Autor unbekannt

54. Für ein glückliches und erfolgreiches Leben sind entsprechende Anstrengungen und die Weisheit Gottes unabdingbar.
Georg Bätzing

55. Schlimm ist's, zu fallen, noch schlimmer aber ist's, liegen zu bleiben. Wenn wir zufällig fallen, dann sollten uns unser Glaube und unsere Hoffnung auf Gott helfen, unseren Stolperstein in ein Sprungbrett zu verwandeln, das uns nicht nur wieder auf unsere Füße katapultiert, sondern auch weit darüber hinaus in die Luft.
Theophilus Odukwe

56. Priester zu werden ist eine harte, heldenhafte Entscheidung, die durch die Gnade Gottes getroffen wird.
Father Joe-Barth Abba

57. Jeder Tag bringt neue Gelegenheiten und Vorrechte. Die Schwierigkeit besteht aber in der richtigen Handlungsweise bei der Ergreifung der Chancen und deren Verwirklichung.
Christl Fischer

58. Gott hilft uns wirklich, egal wie sehr wir denken mögen, dass er uns verlassen habe.

Autor unbekannt

59. Gib deine guten Bestrebungen nie auf, bis du es ein letztes Mal versucht hast, und versuche es nie zum letzten Mal, bis du erfolgreich warst.
Friedrich Kardinal Wetter

60. Weisheit, gesunder Menschenverstand, verbunden mit Mut, Heiterkeit und Bescheidenheit werden einen Menschen stets dazu bringen, zu erreichen, was er sich vorgenommen hat.
Joe-Barth Abba

61. Die Handlungen des Menschen allein machen das größere Feld der Sittlichkeit und Moralgrundsätze aus.
Mats Sören Guttenbacher

62. Es ist immer besser, zu hoffen, als zu verzweifeln.
Johann Wolfgang v. Goethe (1749-1832), deutscher Dichterphilosoph

63. Gehe mit allen Desastern um, als seien es Belanglosigkeiten, aber behandle nie eine Belanglosigkeit wie ein Desaster!
Quentin Crisp (1908-1999), englischer Schriftsteller

Reisende auf dem Weg des Lebens

1. Neid, Eifersucht, mangelndes Selbstvertrauen, ein Gefühl der Unsicherheit und das beklemmende Minderwertigkeitsgefühl – sie alle wurzeln in der Furcht.
Martin Luther King jr. (1929-1968), amerikanischer Geistlicher und Bürgerrechtler

2. Der Neid ist selbst schon ein furchtbares Hindernis zum Glück.
Bertrand Russell (1872-1970), britischer Philosoph, Mathematiker und Historiker

3. Der neidische Mann ist trotz unausgesetzter Atmung ein „wandelnder Leichnam".
Donald J. Trump

4. Wer das Glück des Menschen zu befördern sucht, muss die Bewunderung vermehren und den Neid vermindern.
Bertrand Russell (1872-1970), britischer Philosoph, Mathematiker und Historiker

5. Manchmal konzentrieren wir uns so sehr auf das Geldverdienen, so dass wir zu leben vergessen.
Richard Kraczkowski

6. Große Geister sprechen über Ideen. Mittelmäßige Geister sprechen über Ereignisse. Kleine Geister sprechen über die anderen.
Eleanor Roosevelt

7. Erkenntnis ist die größte Tugend; Unwissenheit das größte Laster.
Martin Luther King Jr. (1929-1968), amerikanischer Geistlicher und Bürgerrechtler

8. Schweigen gehört zu den großen Künsten der Konversation.

William Hazlitt (1788-1830), englischer Schriftsteller

9. Der Mensch schlägt vor, doch Gott entscheidet.
Thomas á Kempis (1380-1471), röm.-kath. Mönch u. Schriftsteller

10. Wer der Gewohnheit nicht widersteht, lässt sie bald zur Notwendigkeit werden.
Augustinus v. Hippo (354-430), Bischof, Philosoph u. Theologe

11. Ein eifersüchtiger Mann findet immer mehr, als er sucht.
Madeleine de Scudéry (1607-1701), franz. Schriftstellerin

12. Mit der Liebe kommt immer auch die Eifersucht, doch stirbt sie nicht immer mit der Liebe.
Francois de La Rochefoucauld (1613-1680), französischer Moralist und Aphoristiker

13. Das größte Unglück im Leben ist nicht, dass der Mensch vergehen muss, sondern dass er aufhört zu lieben.
William Somerset Maugham (1874-1965), englischer Dramatiker und Romanschriftsteller

14. Kein Vogel, der mit eigenen Flügeln fliegt, fliegt zu hoch hinaus.
William Blake (1757-1827), englischer Dichter

15. Wenn du merkst, dass du in die entgegengesetzte Richtung deines ursprünglichen Zieles gehst, dann ist das einzig vernünftige, auf der Stelle auf dem Weg des Lebens umzukehren, egal, wie weit du schon gegangen bist, denn jeder weitere Schritt in die falsche Richtung führt dich von deinem Ziel weg.
Franz Xaver Bischof

16. Sei großzügig und wohltätig zu den Menschen, die dir im Leben begegnen. Sie könnten gerade in dieser Stunde von Gott gesandt sein, und dir zu größerem Segen verhelfen.

Joe-Barth Abba

17. Kein Sterblicher kann ein Geheimnis bewahren. Schweigen seine Lippen, so schwätzt er mit seinen Fingerspitzen; der Verrat sickert ihm aus allen Poren.
Sigmund Freud (1856-1939), österreichischer Psychiater

18. Tore und weise Leute sind gleich harmlos. Die Halbnarren und Halbweisen, sind die wirklich Gefährlichen.
Johann Wolfgang v. Goethe (1749-1832), deutscher Romanschriftsteller, Dichter und Philosoph

19. Fremden gegenüber erweise größere Liebe und Gastfreundschaft; sie könnten unbekannte göttliche Vorboten sein, die dich zu Hause oder am Arbeitsplatz besuchen.
Joe-Barth Abba

20. Gewohnheiten bringt man sich nicht bei, man fängt sie sich ein.
Autor unbekannt

21. Auf den rechten Weg zu gelangen erfordert Wiedergutmachung in aller Bescheidenheit, denn das größte Zeichen eines Gentleman ist es, wenn er sagt:
„Es tut mir leid“, wenn er sich auf dem falschen Weg befindet.
Joe-Barth Abba

22. Nimm alle Gäste auf, als wären sie Christus.
Benediktinerregel (480-547).

23. Wenn du jemanden triffst, der besser ist als du, dann richte dein Denken darauf, dass du seinesgleichen wirst. Wenn du jemanden triffst, der nicht so gut ist wie du, dann geh in dich und prüfe dich selbst.
Konfuzius (551-479 v. Chr.), chinesischer Denker und Gesellschaftsphilosoph

Teil III:

Feiern, Weihnachten, Komplimente, Entschlossenheit, Lobreden, Feste, Gewohnheiten, Journalismus, Erkenntnis, Reisende auf dem Weg des Lebens, Lebensregeln, verschiedene Themen, Neujahr und menschliche Weisheit

Lebenserkenntnisse und Lebensregeln: Reisende auf dem Weg des Lebens

1. Einige werden hoch geboren, einige erlangen Größe, und einigen wird sie zugeworfen.
William Shakespeare (1564-1616), engl. Dichter u. Dramatiker

2. Solange der Mensch seine Existenz nicht in Gott gründet, verharrt) sein Leben in Angst.
Søren Kierkegaard (1813-1855), dän. Philosoph u. Theologe

3. Der Mensch schätzt für gewöhnlich das Gute nicht, was er hat, bis es ihm genommen wird.
Peter Reichen

4. Seine eigene Grabinschrift zu verfassen kann einem offenbaren, was man vom Leben erwartet.
Libbie Fudim

5. Wegen der Ungeborgenheit der zeitlichen Existenz bleibt das Leben ein Experiment.
Karl Jaspers (1883-1969), deutscher Psychiater u. Philosoph

6. Wenn es darum geht, ein Leben zu schützen und zu retten, dann sollte man allen Streit, alle Diskussion und alles Gezänk ruhen lassen.
Emmanuel N. Otteh

7. Denk nie ans Gestern; das Heute ist schon da und das

Morgen muss überlegt werden.
Sigmund Bonk

8. Wer die Vergangenheit vergisst, sich nicht erinnern kann, ist dazu verdammt, sie zu wiederholen.
George Santayana (1863-1955), span. Philosoph und Dichter

9. Wir werde uns länger halten und besser fahren, wenn wir lernen, die Stöße und Schläge entlang des steinigen Lebenswegs abzufedern.
Dale Carnegie (1888-1955), amerikan. Schriftsteller und Dozent

10. Das Land, in das Gott uns führen will, heißt Demut.
Alonius von Scete (5.Jashrhundert.), Wüstenvater

11. Die schönste Zierde eines erhabenen Lebens ist Zurückhaltung und Be¬scheidenheit – das gilt selbst für den Charakter der erhabensten Prinzessin.
Napoleon Bonaparte (1769-1821), franz. Politiker u. Militärführer

12. Ohne Begeisterung ist noch nie etwas Großes geschaffen worden.
Ralph Waldo Emerson (1803-1882), amerikanischer Essayist, Philosoph und Dichter

13. Die Zerstörung der Familie sollte als gesellschaftliche Stigmatisierung angesehen werden. Eine Gesellschaft bedarf zu ihrem guten Gedeihen gesunder Familien.
Benedikt XVI

14. Lustloses Studium verdirbt das Gedächtnis; es behält nichts, womit man es auch füllen mag.
Leonardo da Vinci (1452-1519), italienischer Mathematiker, Erfinder und Schriftsteller

15. Um etwas zu erreichen, muss man an sich glauben.
James K. Aitken

16. Weil auch echter Reichtum unter die Segnungen Got-

tes fällt, sollten sich mit Reichtum gesegnete Menschen als Gottes Schatzmeister betrachten, die seine Geschenke an die bedürftigen Kinder auszuteilen haben.
Joe-Barth Abba

17. Der Erfolg kommt zu dem, der versucht ihn zu liefern.
Henry Clews (1836-1923), amerikanischer Finanzier

18. Ein Mann wird nie herausfinden, was er im Leben erreichen kann, wenn er es nicht versucht.
Halleran Gerard, O.P

19. Das Geheimnis des Erfolges liegt in der Zielkonsequenz.
Benjamin Disraeli (1804-1881), britischer Staatsmann

20. Der Prüfstein wahrer Größe liegt in der Bescheidenheit.
John Ruskin (1819-1900), brit. Schriftsteller, Dichter u.Künstler

21. Es ist von großem Nutzen, seine eigene Unwissenheit zu erkennen.
Hieronymus (347-420), frühchristlicher Apologet

22. Das Geheimnis meines Erfolges liegt in nichts anderem als in harter Arbeit.
Edward Turner (1901-1973), britischer Motorraddesigner

23. Strebe mit Ausdauer und guter Arbeit nach größeren Dingen, dann wirst du manchmal Großes erreichen.
Martin Kastler

24. Dem Erfolg begegne wie ein Gentleman, dem Misserfolg wie ein ganzer Mann.
Frederick F. Smith (1872-1930), britischer konservativer Staatsmann und Anwalt

25. Bescheidenheit kostet nichts, kann aber alles kaufen.
Joe-Barth Abba

26. Gebiete werden von denen gewonnen, die an den Sieg

glauben.
Thomas Wolfe (1900-1938), amerikan. Romanschriftsteller

27. Fähigkeit ohne Gelegenheit ist so gut wie wertlos.
Napoleon Bonaparte (1769-1821), franz. Politiker u. Militärführer

28. Das Abenteuer ist der Schaumwein des Lebens.
G. K. Chesterton (1874-1936), englischer Schriftsteller

29. Das Leben ist nichts, wenn man sich seiner nicht mit Klugheit und in der Liebe Gottes erfreut.
Gerhard Ludwig Müller

30. Großen Versuchen gereichen selbst Misserfolge zur Ehre.
Gajus Cassius Longinus (85-42 v. Chr.), Römischer Senator

31. Drei Wege führen zum Glauben: Vernunft, Brauch und Offenbarung.
Joe-Barth Abba

32. Wir können nicht alles auf einmal erkennen. Wir müssen mit dem Glauben beginnen, dann können wir fortfahren, die Herausforderungen zu meistern.
Thomas von Aquin (1224-1274), römisch-katholischer Priester, Philosoph und Theologe

33. Die Probleme und Sorgen deines Lebens mögen zu wachsen beginnen, dann arbeite härter und lass niemals zu, dass sie dich überwinden.
Joe-Barth Abba

34. Um in irgendeiner Hinsicht ein Genie zu sein, solltest du den anderen immer einen Schritt voraus sein, ehe sie deiner einansichtig werden und dich herausfordern.
Jean Claude Aussant

35 .Eine Gelegenheit ist ein Fingerzeig Gottes.
Søren Kierkegaard (1813-1855), dän. Philosoph und Theologe

36. Das Leben ist ein großartiges Bündel kleiner Dinge.
Oliver Wendell Holmes (1809-1894), amerikanischer Arzt, Dozent und Schriftsteller

37. Vertrauen ist eng mit Ehrlichkeit verbunden. Aber Ehrlichkeit ist eine schwer zu erlangende Tugend. Sie ist nur schwer zu charakterisieren, schwer zu üben und schwer zu gestalten.
Annete C. Baier

38. Ein vernünftig denkender Mensch sollte das Leben stets mit neuen Augen und mit erwartungsvollem Herzen betrachten.
Michael Rembold

39. Die Probleme und Schwierigkeiten des Lebens sollen uns Erfahrung lehren und uns auf eine bessere Welt vorbereiten.
Anselm Grün

40. Versuche nicht, erfolgreich zu sein, sondern wertvoll!
Albert Einstein (1879-1955), deutscher Physiker

41. Die größte Weisheit nimmt die Dinge, wie sie sind und blickt vertrauensvoll auf den Rest.
Michel de Montaigne (1533-1592), französischer Essayist

42. Ein unordentliches Leben ist meist bitter und kurz.
Autor unbekannt

43. Wenn das Heute uns gehört, dann ist es nur vernünftig, das Beste aus dem Leben zu machen, denn bald schon ist es vorbei.
Corinna Sheuten

44. Unser Leben ist eine Herausforderung; wir müssen sorgfältig damit umgehen.
Johann Greinegger

45. Wir sollen so leben, dass es bei unserem Begräbnis selbst dem Totengräber leidtut.
Mark Twain (1835-1910), amerikan. Schriftsteller u. Humorist

46.Die treue Ausübung der Keuschheit und Abstinenz wehrt der Möglichkeit von Abtreibungen und rettet und schützt.
Katholische Bischofskonferenz Nigeria

47. Nur Roboter und undankbare Menschen verteidigen weder Leben noch Sittengesetze und den Glauben an die Wahrheit und an die Güte – diese Dinge aber bleiben für immer aufrecht!
Autor unbekannt

48. Ein Mangel an Sorgfalt und Vorsicht kann das Leben ungerecht und bedauernswert machen.
Augustin T. Ukwuoma

49. Man kann einer Armee ihren Heerführer nehmen; einen höchst bescheidenen Menschen aber kann man seines freien Willens nicht berauben.
Konfuzius (551-479 v. Chr.), chin. Denker u. Gesellschaftsphilosoph

50. Um Erfolg oder Errungenschaften im Leben zu genießen, ist es erforderlich, mit Gott verbunden zu bleiben und inneren Frieden zu bewahren.
Dennis M. Doyle

51. Menschen, die sich auf ihren Lorbeeren ausruhen, tragen sie auf der falschen Stelle.
Clement Tango Ugochukwu

52. Es fände sich stets ein Klassenzimmer für all jene, die dazulernen wollen und ihr Leben am Fortschritt ausrichten möchten.
Autor unbekannt

53. Ich selbst zweifle nicht an der Existenz von Himmel und Hölle; ich lebe in der Bereitschaft auf den Himmel, nicht aus Furcht vor der Hölle. Ich hege den sehnlichsten Wunsch, einmal bei Gott zu sein, der mir unzählige Male Seine Liebe erwiesen hat.
Konrad und Anneliese Cerhak

54. Wenn jemand das Evangelium Christi schriftlich unermüdlich verkündigen könnte, könnte dies viele Menschen zum wahren Glauben bekehren und ihnen ein glückliches Leben schenken.
Joe-Barth Abba

55. Die Feder ist mächtiger als das Schwert.
Edward Bulwer-Lytton (1803-1873), englischer Romanschriftsteller,
Dichter und Dramatiker

56. Das Leben ist ein großer Lehrer. Seine Lektionen sind oft post factum-man kann sie erst morgen nutzbringend anwenden, obwohl man sie schon gestern gebraucht hätte.
Ambrouse Agu

57. Eine Öl produzierende Nation bedarf der Voraussicht, denn die Wertminderung der gängigen Währung und Wirtschaft einer Nation könnte im Fall eines großen Rückgangs beträchtlich sein.
Sylvester Madu

58. Der Zweck des Lebens ist ein zweckgerichtetes Leben.
Robert Byrne

59. Wenn du dir einige Zweifel über die Existenz von Himmel und Hölle erlaubst, lebe in der Bereitschaft auf den Himmel. Wenn es ihn gibt, hast du gewonnen, wenn nicht, hast du dennoch gewonnen, denn die Welt selbst hat

an dir einen heiligen Mitmenschen gewonnen.
Irmelin- Rose Fenske

60. Erfahrung ist nicht, was einem widerfährt, sondern was man damit macht.
Aldous Huxley (1894-1963), englischer Schriftsteller

61. Am Anfang aller üblen Versuchung steht die Unbeständigkeit des Geistes und mangelndes Gottvertrauen.
Thomas à Kempis (1380-1471), römisch-katholischer Mönch und Schriftsteller

Über Bücher, Schriftstellerei und Lebensziele

1. Die Welt ist ein Buch; wer nicht reist, liest nur eine einzige Seite.
Augustinus v. Hippo (354-430), Bischof, Philosoph u. Theologe

2. Es gibt so viel zu lernen. Wir können nicht genug Menschen kennen lernen, daher müssen wir lesen.
T. S. Eliot (1888-1965), amerikan. Dichter und Dramatiker

3. Jedes Wissen, das die Lebensqualität unverändert lässt, ist ein steriles Wissen, und damit von höchst fragwürdigem Wert.
John Powell

4. Große Männer machen selbst höchst gewöhnliche Situationen zu einer Gelegenheit.
Orison Swett Marden (1850-1924), amerikan. Schriftsteller

5. Wer edel ist, liebenswürdig in Gedanken und Handlungen, treu in der Pflicht, rein und von aufrechtem Herzen, der braucht keine Waffe noch menschliche Beschützer. Die Tugend selbst wird ihn beschützen.
Autor unbekannt

6. Alle echten Schriftsteller oder Künstler brauchen In-

spiration, Konzentration und eine förderliche Umgebung, um wertvolle Ergebnisse zu zeitigen.
Joe-Barth Abba

7. Die Macht des Gedruckten ist stärker als das Schwert.
Autor unbekannt

8. Wer die Wirklichkeit und die Offenbarungen wahren Glaubens an Gott verbirgt und vernachlässigt, muss am Ende in Angst und Verzweiflung leben und ständig an sich selbst zweifeln.

9. Wo Entschlossenheit herrscht, kann der Misserfolg nicht in die Siegesposaune blasen.
Jan-Otmar Hesse

10. Wertschätzung ist eine dringende Notwendigkeit, die kein Schriftsteller, Journalist, Organisator, Führer oder sonst ein bescheidener und sanftmütiger Mensch je das Recht hat zu vergessen.
Joe-Barth Abba

11. Des Lebens Gesetz heißt Veränderung. Wer nur auf die Vergangenheit oder Gegenwart blickt, versäumt darüber sicher die Zukunft.
John. F. Kennedy (1917-1963), 35. Präsident der Vereinigten Staaten

12. Ergreife gewöhnliche Momente und mache große Gelegenheiten aus ihnen. Schwache warten stets auf Gelegenheiten; Starke schaffen sie.
Autor unbekannt

13. Wenn du es müde bist, Geschichten zu lesen, dann sorge selbst für eine gute.
Nigerianisches Sprichwort der Igbo Volk

14. Was man hypothetisch einräumt, kann auch hypothetisch geleugnet werden.

Thomas von Aquin (1225-1274), römisch-katholischer Priester, Philosoph und Theologe

15. Es gibt heute die unterschiedlichsten Kirchen, die im Namen der Religion handeln. Aber viele von ihnen sind noch weit davon entfernt, die religiöse Verantwortlichkeit echten Christentums zu leben, zu verwirklichen und anzunehmen.
Joe-Barth Abba

16. Das alttestamentatrische Gesetz „Auge um Auge" lässt alle Menschen blind werden.
Martin Luther King Jr. (1929-1968), amerikanischer Geistlicher und Bürgerrechtler

17. Der Mensch ist unersättlich. Er ist frei geboren, beschwert sich im Leben ständig und kann ohne Glauben leichtsinnigerweise in Verzweiflung sterben.
Joe-Barth Abba

18. Wir brauchen heute einen Philosophenkönig, der es versteht, mit all der Vielfalt umzugehen.
Marcus Stock

19. Wir sollten Kompetenz und Fähigkeiten entwickeln, die uns die Gelegenheiten nutzen helfen, die sich uns nun bieten.
Sarvepalli Radhakrishnan (1888-1975), indischer Philosoph und Staatsmann

20. Bedeutende Schriftsteller sind immer bedeutender als ihre Bücher.
Coventry Patmore (1823-1896), englischer Dichter und Kritiker

21. Für ein heiliges Leben ist am wichtigsten die tägliche Übung der Tugenden, ermächtigt durch die Gnade Gottes und vereint mit freundlicher Kommunikation aller, die uns in unserem Leben begegnen.

22. Talent allein kann noch keinen Schriftsteller machen. Hinter jedem Buch muss ein Mann stehen.
Ralph Waldo Emerson (1803-1882), amerikan Essayist, Philosoph u. Dichter

23. Überall habe ich Ruhe gesucht und nirgends gefunden, außer in einem kleinen Winkel mit einem Buch.
Thomas á Kempis (1380-1471), römisch-katholischer Mönch und Schriftsteller

24. Gleich nach dem Gewinn guter Freunde kommt die Anschaffung guter Bücher.
Charles Caleb Colton (1780-1832), engl. Geistlicher u. Schriftsteller

25. Wähle dir einen Schriftsteller, so wie du dir einen Freund wählst.
Wentworth Dillon (1630-1685), irischer Dichter

26. Sei vorsichtig mit den Büchern, die du liest, und auch in Bezug auf die Gesellschaft, mit der du dich umgibst; deine Gewohnheiten und dein Charakter werden durch erstere noch mehr geprägt als durch letztere.
Edwin Paxton Hood (1820-1885), amerikanischer Kongregationalist und Schriftsteller

27. Die echte Universität unserer Tage besteht in einer Sammlung guter Bücher.
Thomas Carlyle (1795-1881), schottischer Satiriker, Essayist und Historiker

28. Ich habe Bücher gesehen. Ich habe auch welche gelesen, aber die Heilige Bibel ist das Buch der Bücher! Das ist nicht deshalb so, weil sie tatsächlich viele Bücher umfasst, sondern ihres Autors wegen. Als Gott sie geschrieben hat, hat Er Menschen als Schreibwerkzeuge gebraucht, ohne

dass sie dabei passive Empfänger gewesen wären.
Ignatius M. C. Obinwa

29. Ohne Armut im Geiste gibt es keine Fülle Gottes.
Oscar Romero (1917-1980), röm.-katholi. Bischof El Salvador

30. Jemandes Tugend und Charisma leuchten allen Menschen auf.
Papst Johannes Paul II (1920-2005).

31. Man braucht weder Sand noch Zeit, um seinen Namen in den Sand der Zeit zu schreiben. Alles, was man dafür braucht, sind gute oder schlechte Taten, gute oder schlechte Produkte -ganz abhängig von der Art des Namens, den man zu schreiben beabsichtigt.
Autor unbekannt

32. Wenn harte Arbeit alles wäre, was man zur ehrlichen Erlangung von Reichtum benötigte, dann wären die Handwerker aller Arten Millionäre. Wir sollten aber auch die göttliche Vorsehung und die besonderen Gelegenheiten im Leben nicht übersehen.
Joe-Barth Abba

33. Mit dem, was jemand schreibt, kann er eine Situation retten oder sie verschlimmern; er kann wahre Wunder wirken – zum Guten oder zum Schlechten.
Joe-Barth Abba

34. Eine tödliche Dosis Gift kann ihre Wirkung nur einmal entfalten; ein schlechtes Buch dagegen kann sein Gift endlos und vielen Menschen verabreichen.
John Murray (1768-1827), englischer General

35. Ich habe eine ganz einfache Philosophie: Füll alles auf, was leer ist; leere aus, was voll ist und kratze, wo es juckt.
Alice Roosevelt Longworth (1884-1980), Theodore Roosevelts älteste Tochter

Feiern, Weihnachten und Neujahr, Weihnachten und Neujahr, Inspirierendes

1. Die Kirche bittet uns, zu verstehen, dass Gott, fleischgeworden durch Christus, jederzeit bereit ist wiederzukommen.
Charles Borromeo (1538-1584, italienischer Kardinal

2. Brennende Kerzen, Christbäume, Feiern – über allem aber steht, was der Menschheit erst seine Bedeutung verleiht: Die Geburt Christi.
Joe-Barth Abba

3. Alles, was ich über das Morgen weiß, ist, dass die Vorsehung noch vor der Sonne aufgehen wird.
Jean-Baptiste Henri Lacordaire (1802-1861), französischer Geistlicher, Prediger und Journalist

4. Ein Kind, zum Segen der Menschheit geboren; ein Schlüssel, der das Lebenstor zum Sieg öffnet! Christus wurde geboren, um zu sterben, und um den Menschen zu befreien. Weihnachten ist ein Geschenk der Liebe für Dich und mich.
Joe-Barth Abba

5. Lass keine Gelegenheit aus, etwas Schönes zu betrachten, denn Schönheit ist die Handschrift Gottes.
Ralph Waldo Emerson (1803-1882), amerikan. Philosoph u. Dichter

6. Ich möchte Silvester stets in stiller Einsamkeit verbringen, etwa in einem Kloster.
Dort bete ich in aller Bescheidenheit darum, dass auch im nächsten Jahr Gottes Wille geschehen möge.
Father Joe-Barth Abba

7. Teile den Menschen nicht nur deine Fürsorge mit, sondern auch dein Herz.

Mutter Teresa von Kalkutta (1910-1997), römisch-katholische Nonne aus Albanien

8. Die Tür der Kirche steht jedem Kind Gottes, das sich nach Erlösung und ewigem Glück im Himmel sehnt, jederzeit weit offen.
Peter Damian Akpunonu

9. Fröhlichkeit ist ein Parfum, das du nicht auf andere sprühen kannst, ohne selbst davon etwas abzubekommen.
Ralph Waldo Emerson (1803-1882), amerikanischer Essayist, Philosoph und Dichter

10. Das neugeborene Christkind auf Stroh gebettet; die Hirten ließen ihre Herden zurück, um es zu sehen, um Marias Kind in Bethlehem zu sehen und die Liebe zu spüren, die es umgab.
Joe-Barth Abba

11. Früh am Weihnachtsmorgen schon hilft uns unser Geschenk der Liebe, den Geburtstag unseres Königs Jesus Christus zu feiern.
Ignatius von Loyola, SJ

12. Ich habe mich oft gefragt, weshalb Christus entschied, als Kind zur Erde zu kommen.
Er hätte ja auch als angesehener Erwachsener erscheinen können. Es scheint aber, dass er uns lehren wollte, dass das Tor zum Himmel sehr niedrig ist:
Es lässt nur jene ein, die sich bücken und das himmlische Evangelium in der Art eines Kindes annehmen können.
Joe-Barth Abba

13. Ostern, das bedeutet Leiden, Tod und Auferstehung unseres Herrn Jesus Christus für die Erlösung des Menschen.
Abbot Charles Wright, OSB

14. Der Weihnachtstag ist ein ganz besonderer Tag. Es ist eine Zeit, in der man ganz bewusst Gott feierlich danken soll.

15. Vertrau die Vergangenheit Gottes Gnade, die Gegenwart Seiner Liebe und die Zukunft Seiner Vorsehung an.
Augustinus v. Hippo (354-430), Bischof, Philosoph u. Theologe

16. Kluge Menschen suchen heute immer noch das Jesuskindlein und den Stern, den die Weisen gesehen haben. Dieser Stern scheint allen, die glauben.
Joe-Barth Abba

17. Das Kreuz ist unsere natürliche und übernatürliche Philosophie. Es ist unsere göttliche und geheimnisvolle Theologie.
Louis de Montfort (1673-1716), römisch-katholischer Priester und Seminarist aus Frankreich

Komplimente und Lobreden

1. Für gute, menschliche Beziehungen sind Komplimente lebenswichtig.
J. Maurus

2. Während böse Menschen Hassworte spucken, müssen sich gute Menschen der Herrlichkeit der Liebe anvertrauen.
Martin Luther King Jr. (1929-1968), amerikanischer Geistlicher und Bürgerrechtler

3. Größe ist die Fähigkeit, das Paradox in eine Plattitüde zu verwandeln.
Deutscher Rabbi

4. Das menschliche Leben ist nur in dem Maße von Be-

deutung, wenn und insofern es im Dienste von etwas Unendlichem gelebt wird. Für uns ist dieses Unendliche das Menschsein.
Adolph Joffe (1883-1927), sowjetischer Kommunist, Revolutionär und Diplomat

5. Die Veränderung läutert die Gegenwart, die Zukunft von der Tyrannei der Vergangenheit zu befreien.
Nikita Chruschtschow (1874-1971), Sowjetführer

6. Der süßeste Klang ist der Klang des Lobens.
Xenophon (430-354 v. Chr.), griechischer Soldat u. Historiker

7. Es gibt drei sehr harte Dinge: Stahl, Diamant und Selbsterkenntnis.
Benjamin Franklin (1706-1790), amerikanischer Revolutionär, Schriftsteller und Diplomat

8. Die Sprache eines anderen Volkes zu erlernen und zu sprechen bedeutet gewöhnlich, dass man dieses Volk auch liebt und seine Kultur schätzt.
Joe-Barth Abba

9. Das hingegebene und beispielhafte Leben Papst Johannes Pauls II – seine Sachkenntnis und evangelische Wachsamkeit, Verkörperung der Fröm¬migkeit, seine Friedensbotschaft, sein Aufruf zur Gerechtigkeit durch seinen Aufschrei zur Verteidigung und zum Schutz der Leidenden, seine Rücksicht auf die Menschenrechte und die Würde aller Menschen auf der ganzen Welt – all dies bleibt heutigen und zukünftigen Christen eine Herausforderung. Eine Herausforderung an alle Menschen, die guten Willens sind.
Joe-Barth Abba

10. Jedes Kind Gottes sollte danach streben, ein demütiger Förderer der Menschenrechte und Menschenwürde

zu sein und auf die Freude und das Wohl aller Menschen zu drängen, seien es Alte, Kleinkinder oder Erwachsene.
Joe-Barth Abba

11. Komplimente und Kritik sollten wie Parfum eingeatmet, nicht geschluckt werden.
Autor unbekannt

12. Ein schönes Gesicht ist eine stillschweigende Empfehlung.
Francis Bacon (1561-1626), englischer Philosoph, Wissenschaftler und Schriftsteller

13. Unser Gewissen und unser Glaube sollten uns kostbarer sein als alles Lob, alle Schmeichelei oder Lobreden, die Menschen über uns ausschütten. Manchmal sind solche Lobreden nichts als getarnte Irreführung. Nicht immer werden uns die richtigen Farben dargestellt.
Joe-Barth Abba

14. Vertrauen zu genießen ist ein größeres Kompliment, als geliebt zu werden.
George McDonald (1824-1905), schottischer Schriftsteller, Dichter und Geistlicher

15. Manche beschweren sich darüber, dass Gott die Rosen mit Dornen versehen hat; andere preisen Ihn dafür, dass er die Dornen mit Rosen geschmückt hat.
Autor unbekannt

16. Alle Blumen von morgen sind in den Samenkörnern von heute.
Chinesisches Sprichwort

17. Wenn die Welt ein Rosenbett ist, dann könnten einige Menschen von den Dornen gestochen werden. Nicht alles, was glänzt, kann immer Gold sein.
Joe-Barth Abba

18. Was der Idiot als Paradies ansieht, ist dem Weisen die Hölle.
Thomas Fuller (1608-1661), engl. Kirchenmann u. Historiker

19. Unsere Erde ist sehr geheimnisvoll, erhaben und voller Wunder – sie verändert sich und vergeht.
Joe-Barth Abba

20. Es heißt oft: Geteilte Freud ist doppelte Freud, geteiltes Leid ist halbes Leid. Pass aber auf, dass du den Schmerz, den du durch deinen dich drückenden Schuh erfährst, nicht mit einem Gelähmten teilst!
Das mag zwar deinen eigenen Schmerz lindern; dagegen wirst du den Schmerz des Gelähmten vermehren.
Ignatius M. C. Obinwa

21. Ein gebildetes und industrialisiertes Land ist ein Land mit Hoffnung.
Angela Merkel

22. Gut, dass alles vorbei geht, außer der Sprache der Menschen - sie ist alles.
Derek Walcott

23. Was jemand über sich selbst denkt, könnte seine Handlungen bestimmen und beeinflussen.
Andreas Süß

24. Der Narr dünkt sich klug zu sein; aber der Kluge weiß, dass er ein Narr ist.
William Shakespeare (1564-1616), englischer Dichter und Dramatiker

Verschiedene Themen

1. Wenn sich ein Lamm dazu entschließt, ein Wolf zu werden, dann sollte es auch mit dem Pfeil des Jägers rechnen.
Nigerianisches Ältestensprichwort

2. Ein hungriger Mann ist ein zorniger Mann; ein zorniger Mann ist ein unvernünftiger Mann; ein unvernünftiger Mann ist ein gewalttätiger Mann.
John Bosco Chiebuka Eze

3. Das Feuer, das du deinem Feind entzündet hast, verbrennt dich selbst mehr als ihn.
Chinesisches Sprichwort

4. Mut ist die Bestätigung der menschlichen Natur.
Aristoteles (384-322 v. Chr.), griechischer Philosoph

5. Nigeria ist voll der Großen, Wohlhabenden und Guten. Das Böse ist freilich nicht zu leugnen, aber das Land bedarf noch der Ausgewogenheit und besseren Führung, um fähig zu werden, sich mit anderen Weltmächten zu messen.

6. Nigeria ist ein großes Land; gesegnet mit natürlichen und menschlichen Ressourcen, mit Sonnenschein und herrlichen Kulturen. Überall auf der Welt sollten seine Bürger sich daran erinnern und es niemals vergessen.
Joe-Barth Abba

7. Mut ist die Selbstbestätigung des „Trotzdem" …trotz allem, was das Selbst daran hindern will, sich zu bestätigen.
Paul Tillich (1886-1965), deutscher Theologe und Philosoph

8. In einer Welt voller Flüchtlinge scheint jeder davonzulaufen, der in eine andere Richtung rennt.
T. S. Eliot (1889-1965), amerikan. Poet und Literaturkritiker

9. Um die Zeichen der Zeit lesen zu können, müssen wir

die Zeitläufe kennen.
Gerald C. Collins

10. Weisheit, Großherzigkeit, Mut – das sind Anker, die kein Sturm erschüttern kann.
Pythagoras (580-572 v. Chr.), griech. Mathematiker u. Wissenschaftler

11. Christus sucht uns heim, wann immer wir beten, aber oft sind wir entweder nicht wach genug, um Ihn einzulassen, oder unser Herz ist Ihm gegenüber verschlossen.
Joe-Barth Abba

12. Probleme zu vergessen, nutzt nichts; derlei realitätsferne Ansätze sind schattenhaft und nebulös.
Autor unbekannt

13. Verschieb es nicht auf morgen, klug zu werden; vielleicht geht dir die Sonne morgen nicht mehr auf.
William Congreve (1670-1729), engl. Dramatiker und Dichter

14. Am Anfang des Erfolgs steht stets der Misserfolg. Misserfolg ist wie ein Wegweiser.
Henry Ford (1863-1947), Gründer der Ford Motor Company

15. Wenn du kaufst, sei gleichzeitig der Verkäufer; wenn du verkaufst, sei auch Käufer, erst dann wirst du in Kauf und Verkauf gerecht sein.
Franz v. Sales (1567-1622), röm.-kathol. Bischof v. Äthiopien

16. Die Güte hält allerlei Weisheit bereit.
Euripides (480-406 v. Chr.), griechischer Dramatiker

17. Wer andere besiegt, ist stark; wer sich selbst besiegt, ist mächtig.
Laotse (6. Jhdt. v. Chr.), chinesischer Philosoph

18. Wer den unbedeutenden Dingen zu viel Aufmerksamkeit schenkt, wird für gewöhnlich unfähig für die größe-

ren Dinge.
Francois de La Rochefoucault (1613-1680), franz. Moralist

19. Die beste Medizin ist Ruhe und Fasten.
Benjamin Franklin (1706-1790), amerikanischer Revolutionär, Schriftsteller und Diplomat

20. Hast du jemals erkannt, wie sehr Gott dich liebt und für dich sorgt? Wenn ja, so sei bereit voll Vertrauen Seine Güte in deinem Zusammenleben mit anderen anzuerkennen.
Anthony C. Adani

21. Mach das Geld zu deinem Gott, und es wird dich quälen wie der Teufel.
Henry Fielding (1707-1754), englischer Romanschriftsteller und Dramatiker

22. Jeder hingegebene und ernste Christ sollte sein ganzes Leben lang über Sittlichkeit und Heiligkeit nachdenken.
Stefan Hesse

23. Wer bestrebt ist, alles zu tun, wird nie etwas tun.
André Maurois (1885-1967), französischer Schriftsteller

24. Recht und Gerechtigkeit sollten zum Wohle der Allgemeinheit immer aufrechterhalten werden.
Joe-Barth Abba

25. Eine Prise Beispiel ist mehr wert als eine Tonne guten Rates.
Dorothea Becher

26. Wer Wind und Schatten nachjagt statt der Substanz, für den kann sich das Leben bald als sinnlos herausstellen.
Horst und Eva Luise Köhler

27. So viel Gutes ist in unserem Schlechtesten und so viel Schlechtes in unserem Besten, dass es sich für kaum je-

manden gehört, über die anderen zu reden.
Edward W. Hoch (1849-1925), amerikanischer Politiker

28. Du kannst ein Kind seinem Zuhause entreißen, nicht aber das Zuhause dem Kind.
Will Durant (1885-1981), amerikan. Schriftsteller, Historiker und Philosoph

29. Du musst nicht nur schmieden, solange das Eisen noch heiß ist; durch das Hämmern machst du es erst heiß.
Oliver Cromwell (1599-1658), englischer Staatsmann und Heerführer

30. Guten Rat anzunehmen bedeutet, das eigene Können zu befördern.
Johann Wolfgang von Goethe (1749-1832), deutscher Schriftsteller und Philosoph

31. Durch das regelmäßige und aufrichtige Gebet und durch bessere Friedensbestrebungen könnte Nigeria schnell zu einem der anziehendsten Länder der Erde und zum Stolz der ganzen Welt werden.
Joe-Barth Abba

32. Viele lassen sich raten; nur die Klugen aber gewinnen dabei.
Publilius Syrus

33. Jeder Krieg ist nicht nur ein sinnloser, gegenseitiger Völkermord, sondern auch ein sinnloser Brudermord, denn alle Menschen aller Rassen stammen von einem großen Vorfahren ab: Von Gott, und daher verbindet sie ein brüderliches Band.
Eugene Iyke Odo

34. In einer schicklichen Gesellschaft hat Rassismus keinen Platz, weder zuhause noch bei internationalen Spielen.

David Mellor

35. Beantworte keinen Brief, solange du zornig bist.
Chinesisches Sprichwort

36. Es ist nett, stattlich zu sein, es ist aber wesentlich stattlicher, nett zu sein.
Oscar Wilde (1854-1900), irischer Dramatiker u. Schriftsteller

37. Dein Kreuz mit Christus zu tragen ist ehrbarer, als in einem trügerischen Paradies zu leben.
Pater Pio (1887-1968), Stighmatiker, Philosoph und Theologe

38. Der Zufall ist ein kleines Wunder, bei dem Gott sich entschließt, anonym zu bleiben.
Autor unbekannt

39. Die größten Momente unseres Lebens entstammen der Leidenschaft, der Aufregung, der Freude, dem Leid und auch der Erleichterung.
Martin Stuflesser

40. Bei zwei Gelegenheiten sollte man den Mund halten: Wenn man schwimmt und wenn man zornig ist.
Autor unbekannt

41. Einheit in der Absicht und im Geist der Zusammenarbeit könnte den Menschen dabei helfen, ihre alltäglichen Probleme zu verringern und ein gerechtes Leben zu führen.
Joe-Barth Abba

42. Warmherzige Begeisterung zieht oft die Menschen an.
Autor unbekannt

43. Mögen auch manche an Behinderungen oder sonstigen Misslichkeiten zu leiden haben – deshalb den Schöpfer anzuklagen, dass er sie in dieses liebenswerte Erdenleben eingeführt hat, ist wohl das Schlimmste, was man

tun kann.
Joe-Barth Abba

44. Der Irrtum wird zum Fehler erst, wenn man sich weigert, ihn zu korrigieren.
Orlando A. Battista (1917-1995), kanad. Chemiker u. Schriftsteller

45. Wenn Nigeria nur eine wahre Herzensänderung sähe und seine Mentalität ändern könnte, dann würden die tiefgreifenden religiösen Wurzeln des Volkes aus diesem Land ganz leicht ein Land ohne Kriminalität machen, ja, es in ein dauerhaftes Paradies verwandeln.
Joe-Barth Abba

46. Wer sich selbst prüft, wird für gewöhnlich mit großen Ehren durchkommen, denn die Menschen sind gewöhnlich sich selbst gegenüber nachsichtiger als anderen.
Hilary Muotoe

47. Die Welt hat Sinn um Gottes willen, der sie geschaffen hat.
Hanns Boie Keltisch

48. Mit Wahrheit gestiefelt, zieht die Lüge um die Welt.
Französisches Sprichwort

49. Trotz eigener Fehler können es manche Menschen nicht lassen, ihre Nase in die Angelegenheit anderer zu stecken, oder auf das Unkraut im Garten anderer hinzuweisen.
Jerry Lukas

50. Der Hauptantrieb des eigenen Wachstums und des eigenen Fortschritts hängt ganz von einem selbst ab.
Autor unbekannt

51. Es ist eine eigene Tugend, mit Vorurteilen oder Voreingenommenheit richtig umzugehen, indem man den

Menschen Gelegenheit gibt, sich zu erklären und so zum Frieden beizutragen.
Callistus Val. Onaga

52. Das größte Wunder der Existenz ist allem Anschein nach derjenige, der sich wundert.
Ingo J. Hacker

53. Der Geist gleicht einem Fallschirm: Er funktioniert nur, wenn er geöffnet wird.
James Dewar (1842-1923), schottischer Chemiker u. Physiker

54. Herr, hilf mir, mich zu erinnern, dass heute nichts geschehen wird, was Du und ich nicht in den Griff bekommen könnten.
Iwene Tansi (1903-1964), röm.-kath. Priester und Zisterziensermönch aus Nigeria

55. Außergewöhnliche Krankheiten brauchen außergewöhnliche Arzneien.
Hippokrates (460-370 v. Chr.), griechischer Arzt

56. Ein kluger Mann hört auf sein Gewissen und gibt Acht auf sein Handeln, denn die Vergangenheit zögert nicht, ihn einzuholen.
Joe-Barth Abba

57. Ohne Schwierigkeiten zu überwinden und Rätsel zu lösen, und ohne in Geheimnisse einzudringen, würde mich nichts interessieren.
Pablo Picasso (1881-1973), spanischer Maler und Bildhauer

58. Die Erde ist voll der Güte des Herrn; all die Länder dürfen sich jederzeit an Gottes großem Segen erfreuen, indem sie ein gottesfürchtiges Leben führen und friedfertig miteinander umgehen.
Peter Gregory Obi

59. Gott mit deinem ganzen Herzen zu lieben und dei-

nen Nächsten wie dich selbst – das bedeutet mehr als alle Messopfer.
Messbuch der katholischen Kirche

60. Nenne die Menschen beim Namen. Die schönste Musik, die man hören kann, ist der eigene Name.
Autor unbekannt

61. Christen aller Zeitalter und Traditionen haben die frohmachende Aufgabe, Jesus von Nazareth aufrichtig zu verkünden, den Messias, den Gott-Vater in die Welt gesandt hat, um die Geschichte der Menschheit zu verändern.
Emmanuel A. Badejo

62. Politische Wirren sind keinem Land von Nutzen. Nur Frieden, Achtung vor der Rechtsstaatlichkeit und Fleiß können stets zu einer besseren Wirtschaftsordnung führen.
Franz-Walter Steinmeier, deutscher Bundespräsident

63. Wenn dich Gott zum Priester oder zum religiösen Leben beruft, dann bedeutet dein Einwilligen dein Geschenk an die Kirche und an die Menschheit.
Joe-Barth Abba

64. Viele Menschen auf der Erde scheinen diesen Namen heute nicht mehr zu verdienen, so böse, so teuflisch haben sie bisher gelebt. Gott der Vater in Seiner unendlichen Güte, Geduld und Barmherzigkeit jedoch wünscht ihre Herzensänderung und ihre Buße für eine bessere Welt.
Joe-Barth Abba

65. Nichts erfreut ein Christenherz mehr, als wenn es in einer gerechten Sache zum allgemeinen Wohl obsiegt.
Hubertus Berger

66. Jeder Morgen ist eine neue Gelegenheit zur Entwick-

lung und Verbesserung unserer Güte gegenüber anderen.
Joe-Barth Abba

67. Durch die Art und Weise, wie wir leben und unsere Mitmenschen behandeln, sollten wir unsere Welt zu einem besseren Zuhause machen.
Joe-Barth Abba

68. Auf Erden Gutes zu tun, bedeutet den Himmel für mich.
Thérèse von Lisieux (1873-1897), franz. Karmeliternonne

69. Während viele Menschen mit irdischen Ansprüchen beschäftigt sind und sich mit den Dingen dieser Welt abgeben, bestürmen die Mönche und Nonnen in den Klöstern mit ihrem stundenlangen Bittgebet unaufhörlich den Himmel. Sie meditieren und unterziehen sich selbstverleugnenden Handlungen um Gottes Willen und gegen die Sünden der Welt.
Joe-Barth Abba

70. Herr, lass die Lampe Deiner priesterlichen Berufung stets brennen! Mögen die Strahlen der Hoffnung und der Ermutigung den Menschen auf ihrer Reise durch die Dunkelheit weiterhin leuchten.
Joe-Barth Abba

71. Das Christentum muss das ganze Verhalten des Gläubigen durchdringen.
Joe-Barth Abba

72. Keines Menschen Gedächtnis ist so gut, als dass er ein vollkommener Lügner sein könnte.
Abraham Lincoln (1809-1865), sechzehnter Präsident der Vereinigten Staaten

73. Die Polizei verfügt mit all ihrer besonderen Ausbildung und mit Hilfe der Behörden über die Fähigkeit, die

Kriminalität wirkungsvoll zu bekämpfen und die Gesellschaft von allen Formen der Kriminalität zu säubern und Gerechtigkeit und Rechtsstaatlichkeit aufzurichten.
Mike Okiro/Ogbonnaya Onovo

74. Nigeria verfügt über so viel Öl und so viele Bodenschätze; es könnte, richtig genutzt, seine Bürger auf viele Jahrzehnte hin vor allerlei unvorhersehbaren Nöten schützen.
Joe-Barth Abba

75. Die Priorität eines Entwicklungslandes ist, jeden Anschein von Krieg, anstößigen Lebens und der Korruption schon im Keim zu ersticken.
Col. Barth C. Ogbonna

76. Es bringt immer Segen, wenn wir einige Minuten mit dem eucharistischen Herrn verbringen und über unsere Nähe oder Ferne zum allmächtigen Gott nachdenken.
Joe-Barth Abba

77. Ein gesunder Mensch sollte stets Gelegenheit finden, Gott zu danken, und auch dankbar zu sein für sein Leben und für sein Glück.
Joe-Barth Abba

78. Ich fürchte mich davor, Ihnen zu sagen, wer ich bin, denn Sie würden sich darüber möglicherweise nicht freuen. Aber das ist alles, was ich habe.
John Powell, amerikanischer Professor und Mitglied der Gesellschaft Jesu

79. Der Mensch ist nichts anderes, als was er aus sich macht.
Jean-Paul Sartre (1905-1980), französischer Philosoph,
Dramatiker und politischer Aktivist

80. Nicht viele Leute haben Zeit und Leidenschaft, ihre

Gefühle und Gedanken schriftlich der Nachwelt zu hinterlassen.
Joe-Barth Abba

81. Wer guten Rat annimmt, ist manchmal größer, als der, der ihn geben kann.
Karl Ludwig v. Knebel (1744-1834), deutscher Dichter u. Übersetzer

Teil IV

Alltagsscherze und Glück und Lebensziele für unser tägliches irdisches Leben

1. Gestern - das ist Geschichte. Heute – das ist ein Geschenk. Morgen – das ist ein Geheimnis.
Eleanor Roosevelt (1884-1962), First Lady der Vereinigten Staaten (1933-1945.

2. Lies deine Bibel. Ein Kapitel am Tag – und der Satan bleibt fern.

3. Gut, die goldene Regel auf sein Gedächtnis anzuwenden, aber noch besser, sie aufs ganze Leben anzuwenden.

4. Ein Kardinal war einst schwer erkrankt. Er sandte einen Boten zu Papst Pius IX und bat um dessen Segen. „Ich sende Dir von ganzem Herzen meinen Segen", ließ der Papst ihm ausrichten, „empfehle" dir aber, auch ein wenig Chinin einzunehmen."

5. Aus einem Mitteilungsblatt: „Beim Mahl in der Kirche war es wie im Himmel: Viele von denen, die wir erwartet haben, waren nicht da."

6. Es ist ziemlich peinlich, in der Kirche einzuschlafen. Noch dazu, wenn einem dabei eine Fliege in den Mund fliegt.

7. Wenn die Leute in der Kirche einschlafen, sollte jemand den Prediger aufwecken!

8. Kirchgänger: „Hast du Robinson heute Morgen schnarchen gehört Es war einfach furchtbar.“ Der andere: „Ja, - er hat mich aufgeweckt mit seinem Schnarchen.“

9. Der Pfarrer entschied schließlich, er müsse nun mit dem reichsten Mitglied seiner Versammlung sprechen, egal wie peinlich das auch sein mochte.
„Warum schlafen Sie während meiner Predigt regelmäßig ein?“, fragte er ihn. Der Reiche: „Würde ich denn einschlafen, wenn ich Ihnen nicht vertraute?“

10. Manche gehen zur Kirche, um zu sehen, und um gesehen zu werden; manche, damit sie sagen können, sie seien dort gewesen.
Manche gehen hin, um zu schlafen und zu schlummern, nur wenige gehen hin, um Gott anzubeten.

11. Eine Frau ging nach dem Sonntagsgottesdienst auf den Pfarrer zu und dankte ihm für seine Predigt. „Ich fand Ihre Predigt sehr hilfreich“, sagte sie.
Der Pfarrer antwortete: „Ich hoffe, sie war nicht so hilfreich wie die letzte!“
„Wie meinen Sie das?“, fragte die Frau überrascht.
„Na, die letzte Predigt hat bei Ihnen ja für drei Monate gereicht!“

12. Als sich das Gerücht verbreitete, eine Nonne wirke in ihrem Konvent geradezu unglaubliche Wunder, sandte der Papst den heiligen Philip Neri dorthin, um der Sache auf den Grund zu gehen. Nach einer langen Reise erreichte er den ferngelegenen Konvent und fragte nach der Nonne. Als die Nonne den Raum betrat, bat Neri sie, seine schmutzigen Stiefel zu reinigen, die er sich gerade von den Füßen

gezogen hatte.
Erbost stemmte sie sich die Arme in die Seite und drehte sich verächtlich um. Der heilige Philip zog seine Stiefel wieder an, verließ den Konvent und berichtete dem Papst: „Seine Heiligkeit dürfen dem Gerücht keine weitere Aufmerksamkeit mehr schenken: Wo es keine Demut gibt, kann es auch keine Wunder geben“.

13. Eine englischsprachige Nonne beantragte einen Pass. Als sie das Antragsformular ausfüllte, stieß sie auf einen Punkt, der hieß: „Besondere Kennzeichen“. Mit humorvollem Augenzwinkern schrieb sie: „Nun“.

14. Der Papst war überzeugt davon, dass die völlige Abstinenz von Fleischspeisen der Gesundheit der Karthäuser-Mönche schade. Also erlaubte er ihnen den Verzehr von Fleisch. Daraufhin sandte der Generalobere des Ordens dem Papst eine Abordnung von 12 Mönchen, um den Obersten Pontifex zu ersuchen, den Vegetarismus wieder einzuführen. (Der jüngste Delegierte war bereits über achtzig Jahre alt.)
Als der Heilige Vater die rüstigen und gesunden Mönche sah, willigte er freundlich ein.

15. Der Mönch war in sein kirchliches Gebet vertieft, als ein neidischer Adeliger mit seinen Freunden auf ihn zukam und ihn lauthals und grob fragte: „Wir wissen, du bist ein gelehrter Mann. Könntest du uns verraten, was Gott gerade macht?“
„Gott ist gerade dabei, den Demütigen zu erhöhen und den Hochmütigen zu demütigen“, war die prompte Antwort.

16. Herr, erlöse uns von hündischer Ergebenheit und von griesgrämigen Heiligen!
Teresa von Avila (1515-1582), spanische Karmeliternonne

17. Das Gebet der modernen Jugend scheint zu sein: „Herr, führe uns nicht in Versuchung. Sag uns einfach, wo sie ist, dann finden wir sie schon!“ Eine solche Jugend braucht die Führung von Kirche und Staat.

18. Eine frisch verheiratete junge Frau suchte einen Priester auf, um seinen Segen zu erhalten. Der Priester legte ihr die Hand auf den Kopf und segnete sie mit den Worten: „Möge Dir Gott so bald wie möglich einen Sohn schenken!“

19. „Warum gehen Sie nicht zur Kirche?“, fragte der Pfarrer den Mann.Wie aus der Pistole geschossen antwortete der Mann: „Der Dieb am Kreuz ist nicht zur Kirche gegangen; trotzdem ist er im Himmel.“
„Sind Sie denn getauft?“, fragte der Pfarrer weiter.
„Das war der Dieb am Kreuz auch nie.“ „Spenden Sie?“„Nein; das hat der Dieb ja auch nie getan.“„Nun, der einzige Unterschied zwischen Ihnen und dem Dieb ist: Er war ein sterbender Dieb, Sie sind ein lebender!“

20. Manche scheinen es mit der Religion wie mit einem Fallschirm zu halten – Hauptsache, man hat was für die Notfälle dabei!

21. Man sagt, Adam sei sehr glücklich gewesen. Er hatte nämlich keine Schwiegermutter.

22. Der schlimmste Augenblick im Leben des Atheisten ist der, in dem er sich sehr dankbar fühlt, aber niemanden hat, dem er danken kann.
G. K. Chesterton (1874-1935), englischer Schriftsteller.

23. Wenn der Atheist über gute Eigenschaften verfügt, dann hat er sie vom Christentum.

24. Die Christen sind das Licht der Welt, nur muss der

Schalter auch umgelegt werden.

25. Wenn die Leute dich erst fragen müssen, ob du Christ bist, dann bist du wahrscheinlich gar keiner.

26. Jeder Christ steht gewissermaßen auf der Kanzel und hält jeden Tag seine Predigt.

27. Das Leben des Christen gleicht einem Flugzeug: Wenn es stehenbleibt, stürzt es ab.

28. Der Herr bereitet einen Tisch für Seine Kinder; leider sind zu viele von ihnen auf Diät.

29. Viele Kirchen müssen sich mit „Christen im Ruhestand“ herumschlagen.

30. Manche Menschen tun scheinbar alles, um Christen zu werden – außer ihre Sünden aufzugeben.

31. Die Welt braucht nicht noch mehr Christentum, sondern noch mehr Menschen, die das Christentum praktizieren.

32. Der Christ sollte in Bezug auf seine Zunge zwei Dinge lernen: 1. sie im Zaum zu halten und
2. sie zu gebrauchen.

33. Wenn sich die Christen wohl und sicher fühlen, befindet sich die Kirche in größter Gefahr.

34. Die Kirche ist eine „Bausparkasse“, die dir hilft, eine Villa im Himmel zu erbauen.

35. Gerade wenn es der Welt am schlechtesten geht, hat sie die Kirche am allernötigsten.

36. Gesegnet der Mann, der seinen Wecker auch am Sonntag hört.

37. Ein am Heiligsein erkrankter Mann ist wie ein gesunder Heuchler.

38. Betrüg nicht den Herrn und nenne es „Geschäft“.

39. Gott erwartet nicht von dir, dass du die Probleme der Welt löst – er erwartet nur, dass du sie nicht erschaffst.

40. Im Himmel angekommen, wirst du erstaunt sein. Vieler Menschen Anwesenheit wirst du nicht erwartet haben. Viele auch mögen überrascht sein, dich hier zu sehen.

41. Fast jeder kommt in den Himmel, aber viele Menschen hoffen, sie leben lange genug, um zu erleben, dass sich die Eintrittsbedingungen lockern.

42.Unser Staat könnte unbegrenzte Einnahmen haben - er bräuchte nur die Sünden zu versteuern.

43.Manche Prediger stehen auf, während sich ihre Gedanken setzen.

44.Jeder Prediger sollte sicher sein bei dem, was er sagt. Es könnte jemand in der Versammlung sitzen, der wirklich zuhört.

45.Ist deine Religion Vergangenheit, wird sie zum Vorwand.

46. Auch der Teufel hat den fröhlichen Geber lieb – solange er selbst der Empfänger ist.

47. Einen leeren Kopf benützt der Satan gern als Mülldeponie.

48. Dem Satan ist es egal, was du anbetest, solange es nicht Gott ist.

49. Kratze an der Haut des Christen und du findest den Heiden darunter verborgen.

Israel Zangwill (1864-1926), engli. Humorist u. Schriftsteller

50. Dem Auge des Philosophen scheinen die Laster der Geistlichen weniger gefährlich als deren Tugenden.
Edward Gibbon (1737-1794), engl. Historiker und Politiker

51.Besser zerlumpt in den Himmel als prächtig gekleidet in die Hölle.
Chinesisches Sprichwort

52. Die Kirche öffnet ihre Tür dem Glauben eines Menschen; seines Wissens wegen aber weist sie ihm die Tür.
Mark Twain (1835-1910), amerikan. Schriftsteller u. Humorist

53. Sei froh und lächle. Das ist die Schwerkraft, die die Dinge festhält.

54. Es regnete Bindfäden, als der Prediger bemerkte, dass er schon viel zu lange sprach. „Ich fürchte, ich rede schon zu lange“, sagte er. Da machte sich eine Stimme von hinten bemerkbar: „Nein, predigen sie nur weiter – es regnet immer noch.“

55. Als ein berühmter Prediger einmal zum Geheimnis seiner erfolgreichen Predigt befragt wurde, antwortete er: „Fange langsam an, predige langsam, werde dann lauter, fange Feuer, und wenn der Sturm kommt, setze dich.“

56. Der Priester traf Mary O'Brien und frage sie, was sie da unter ihrem Umhang verberge?
„Weihwasser“, sagte sie. Der Priester langte nach der Flasche, öffnete sie und roch daran. „Liebe Mary!“, rief er aus, „das ist kein Weihwasser, das ist Gin!“
„Gepriesen sei Gott!“, rief Mary und bekreuzigte sich, „ein Wunder ist geschehen!“

57. Ein begeistertes Kirchenglied: „Pfarrer, ich möchte unbedingt nach Ägypten reisen, den Berg Sinai hinauf-

steigen und von dort die Zehn Gebote ausrufen!“
Der Pfarrer antwortete: „Ich habe einen besseren Vorschlag: Bleiben Sie zuhause und halten Sie sie ein.“

58. Alkohol ertränkt deine Sorgen nicht, er berieselt sie nur.

59. Ein Fehler ist der Beweis, dass man etwas versucht hat.

60. Bücher haben größte pharmazeutische Bandbreite: Sie stimulieren uns in der Jugend, beruhigen uns im Alter, stillen unsere Rastlosigkeit, immunisieren uns, wenn wir uns mit dem Virus des Vorurteils angesteckt haben, bekämpfen unsere geistige Blutarmut und entgiften unsere emotionale Blutbahn, indem sie uns Abenteuer und Entdeckungen aus zweiter Hand bieten.

61. Mut ist die Angst, die gebetet hat.
Dorothy Bernard (1890-1955), amerikanische Schauspielerin

62. Wenn du der Versuchung entfliehst, vergiss nicht, eine Nachsendeadresse zu hinterlassen.

63. Das Lächeln entstammt dem Schminktopf Gottes.

64.Die lohnendsten Dinge im Leben sind oft jene, die zu tun unmöglich scheinen.
Amerikanischer Golfer

65. Jedes Mal, wenn sich die Geschichte wiederholt, steigt der Preis.

66. Sonnenschein ist herrlich, Regen und Wind erfrischen uns, der Schnee erheitert – es gibt wirklich kein schlechtes Wetter, nur unterschiedliche Arten von Wetter.
Samuel Johnson (1709-1784), englischer Schriftsteller

67. Deine Lebenseinstellung bestimmt deine Lebenslage.

68. Es gibt nichts Dunkleres als ein verschlossenes Herz.

69. Zuhause ist, wo man sein Leben lebt und seine Erinnerungen sammelt.

70. Unter den größten Gaben, die man anderen schenken kann, finden sich die Liebe, die Aufmerksamkeit und Zeit.
Joe-Barth Abba

71. Wenn du meinst, Bildung sei teuer, wie sehr dann erst die Unwissenheit!
Johannes Gallinger

72. Das Lächeln, das das Gesicht erhellt, erwärmt auch das Herz.

73. Der größte Raum der Welt ist der Raum für Verbesserungen.
Japanisches Sprichwort

74. Das Heute ist das Morgen, über das du dir gestern Sorgen gemacht hast.
Dale Carnegie (1888-1955), amerikan.Schriftsteller .u. Dozent

75. Wenn ich meine Fehler nicht akzeptiere, werde ich sicher auch an meinen Tugenden zweifeln.
Hugh Prather (geb. 1938), amerikanischer Schriftsteller, Geistlicher und Berater

76. Die Zeit ist so kostbar, dass wir sie nur in kleinen Portionen erhalten.

77. Gib dich Gott hin; Er kann mehr mit dir anfangen als du mit dir selbst.

78. Höflichkeit ist die Kunst, unter seinen Gedanken zu wählen.
Madame de Staël (1766-1817), Schweizer Autorin

79. Disziplin ist das veredelnde Feuer, in dem aus Begabung Fähigkeit wird.
Roy L. Smith, amerikanischer Geistlicher

80. Das Leben ist zerbrechlich, behandle es mit Gebet.
Arthur Christopher Benson (1862-1925), britischer Dichter und Schriftsteller

81. Im Leben gibt es zwei Tragödien: Die erste geschieht, wenn sich dein Herzenswunsch nicht erfüllt. Die andere geschieht, wenn er sich doch erfüllt.
George Bernard Shaw (1856-1950), irischer Dramatiker

82. Klopft die Angst an deine Tür, so schick den Glauben hin.

83. Schlag nicht die Zeit tot – sie steht nicht wieder auf.

84. Reg dich nicht über verschüttete Milch auf – kondensiere sie!

85. Egal wie groß dein Großvater gewesen sein mag – wachsen musst du selbst.
Irisches Sprichwort

86. Eine Klatschbase ist nur eine Närrin mit feinem Gespür für Gerüchte.

87. Fröhlichkeit ist jenes bestimmte Gefühl, das dich ergreift, wenn du zu beschäftigt bist, dich elend zu fühlen.
Ayn Rand (1905-1982), russ.-amerikan. Schriftstellerin u. Philosophin

88. Die Menschen, die dich beeinflussen, sind die Menschen, die an dich glauben.
Henry Drummond (1851-1897), evangel. Schriftsteller aus Schottland

89. Hast du die Größe nicht, Kritik auszuhalten, dann bist du auch zu klein dafür, gelobt zu werden. Eine gute Regierungsform kommt allen zugute und trägt auch zum friedvollen Zusammenleben bei.
Emmanuel A. Badejo

90. Wer gut zuhören kann, ist nicht nur überall beliebt,

sondern weiß nach einiger Zeit auch so manches.
Wilson Mizner (1876-1933), amerikanischer Dramatiker und Unternehmer

91. Der Mensch ist zum Erfolg, nicht zum Misserfolg geschaffen.
Henry David Thoreau (1817-1862), amerikanischer Schriftsteller und Philosoph

92. Arbeite mit anderen zusammen! Denk an die Banane – sobald sie vom Bündel losgerissen wird, wird sie auch gehäutet!

93. Von der Briefmarke lerne: Sie hat Erfolg, weil sie so lange an einer Sache klebt, bis sie ihr Ziel erreicht hat.

94. Ein Buch ist ein Garten, ein Obstgarten, eine Fundgrube, ein Fest, mithin auch Gesellschaft, ein Ratgeber, ja, eine ganze Menge an Ratgebern.
Henry Ward Beecher (1813-1887), amerikanischer Geistlicher und Gesellschaftsreformer

95. Drei sehr notwendige Dinge zur Erlangung von Glück im Leben: Etwas tun, etwas lieben und etwas hoffen.
Joseph Addison (1672-1719), englischer Dichter und Politiker

96. Um einen Mann wirklich zu kennen, musst du beobachten, wie er mit einer Dame, mit einer Reifenpanne und mit einem Kind umgeht.

97. Gott hält kein größeres Betätigungsfeld für einen Menschen bereit, der nicht dort, wo er jetzt steht, treu tut, was er kann.

98. Ein gutes Gewissen ist ein beständiges Fest.
Robert Burns (1759-1796), schottischer Dichter und Lyriker

99. Die größte Errungenschaft des menschlichen Geistes besteht darin, den eigenen Möglichkeiten gerecht zu

werden und das meiste aus den eige¬nen Fähigkeiten zu machen.
Luc de Clapiers (1715-1747), franz. Moralist u. Schriftsteller

100. Eine Handvoll guten Lebens ist besser als ein ganzer Scheffel Lernens.
Jüdisches Sprichwort

101. Viele Handlungen formen den Charakter, eine einzige dagegen kann ihn verderben.
Autor unbekannt

102. Man hinterlässt keine Fußspuren im Sand der Zeit, wenn man herumsitzt.

103. Die Ehe ist eine Investition, die dir Dividenden ausschüttet, wenn du die Zinsen bezahlst.

104. Egal, wie viel manche Menschen besitzen, sie kommen für gewöhnlich nicht darüber hinweg, wenn sie nicht noch etwas umsonst bekommen können.

105.Wer jemand ist, zeigt sich daran, wie er mit dem umgeht, was er hat.

106.Wer in einem gewissen Alter frühere Jugendwünsche und Hoffnungen realisieren will, betrügt sich dauernd; denn jedes Jahrzehnt des Menschen hat sein eigenes Glück, seine eigenen Hoffnungen und Aussichten.
Johann Wolfgang v. Goethe (1749-1832), deutscher Dichterphilosoph

107. Liebe ist die stärkste der Leidenschaften; sie ergreift gleichzeitig Kopf, Herz und Sinne.
Laotse, chinesischer Philosoph

108. Das Leben besteht zu zehn Prozent aus dem, was du daraus machst und zu neunzig, wie du es nimmst.
Irving Berlin (1888-1989), jüdisch-amerikanischer Komponist

und Lyriker

109. Wenn du im Spiel des Lebens die Regeln brichst, werden die Regeln irgendwann dich brechen.

110. Wir werden ein besseres Leben erreichen, wenn wir das Meiste aus dem Besten und das Geringste aus dem Schlechtesten machen.

111. Die Rechtsanwälte hätten es schwer, würden sich die Menschen benehmen und ihre Versprechen einhalten.

112. Das Wissen weiß um etwas. Die Weisheit weiß, was man damit anfängt.

113. Mit Gesichtspuder kann man vielleicht einen Ehemann gewinnen, es bedarf aber des Backpulvers, ihn auch zu halten.

114. Sentimentalität stellt sich noch schnell ein; echte Fürsorge ist da schon schwieriger – hier muss man selbst anpacken.

115. Was die Welt wirklich braucht, ist anhaltender Frieden, der alle Missverständnisse überdauert.
Karl und Helga Gau

116. Es ist eine eigenartige Sache mit stumpfen Menschen: Sie kommen immer gleich zur Sache.

117. Wichtiger als die Begabung ist die Einstellung.

118. Die Liebe ist geschwind, aufrichtig, fromm, wohltuend, freundlich, stark, geduldig, treu, umsichtig, ausdauernd, mannhaft und sucht nie das Ihre; wo immer man das Eigene sucht, ist man lieblos.
Thomas à Kempis (1380-1471), röm.-kath. Mönch u. Schriftsteller

119. Sei wie eine Ente: Oberflächlich gesehen ruhig und gelassen, unter der Oberfläche aber wild paddelnd.

120. Ein verliebter Mann ist unvollständig, bis er verheiratet ist. Dann ist er fertig.
Zsa Zsa Gabor

121. Man muss gelegentlich die Tonart wechseln, um die Harmonie zu bewahren.

122. Nichts ist verwirrender als jemand, der guten Rat, aber schlechtes Beispiel gibt.
Samuel Johnson (1709-1784), englischer Schriftsteller

123. Das Geheimnis des Erfolgs heißt: Sich nicht schaffen lassen, bevor man es geschafft hat.

124. Was dieses Land braucht, sind weniger Menschen, die sagen, was dieses Land braucht.

125. Die Demokratie ruht auf der Überzeugung, dass gewöhnliche Menschen außergewöhnliche Möglichkeiten haben.
Harry Emerson Fosdick (1878-1969), amerikanischer Geistlicher

126. Neugier ist eines der sichersten und dauerhaftesten Kennzeichen eines lebendigen Verstandes.
Samuel Johnson (1709-1784), englischer Schriftsteller

127. Wer glaubt, die Zeit heile alle Wunden, der hat noch nie versucht, eine Wunde im Wartezimmer eines Arztes auszusitzen.

128. Das Schöne daran, eine Großfamilie heranzuziehen ist, dass wenigstens einer nicht so wird wie alle anderen.

129. Der Feigling stirbt oft, bevor er stirbt; der Tapfere dagegen schmeckt den Tod nur ein einziges Mal.
Julius Caesar (100-44 v. Chr.), römischer Militärführer

130. Es ist eine Tatsache, dass der Mensch genau dann glücklich ist, wenn er nach etwas Lohnendem strebt.

131. Manche jagen dem Glück nach, andere schaffen es sich selbst.

132. Echtes Glück kann gesucht, erdacht, eingefangen – aber niemals gekauft werden.

133. Je weniger eine Freundschaft gebraucht wird, desto länger hält sie.

134. Ein Narr erzählt dir, was er tun wird, ein Prahler, was er getan hat. Der Weise tut es und sagt nichts.

135. Die Furcht ist die kleine Dunkelkammer, in der Negative entwickelt werden.

136. Aus zweierlei Gründen misstrauen wir den Menschen: Erstens, weil wir sie nicht kennen und zweitens, weil wir sie kennen.

137. Gemeinsames Lachen schafft ein Freundschaftsband. Beim gemeinsamen Lachen gibt es nicht jung oder alt, Lehrer und Schüler, Arbeiter oder Fahrer. Beim gemeinsamen Lachen ist es eine Gruppe von Menschen, die sich ihres Daseins freuen.

138. Eines der Probleme beim Smalltalk ist, dass er gewöhnlich in großen Dosen auftritt.

139. Die Welt ist in zwei Klassen getrennt: Einmal jene, die das Unglaubliche glauben und dann jene, die das Unwahrscheinliche zustande bringen.
Oscar Wilde (1854-1900), irischer Dramatiker, Dichter und Schriftsteller

140. Lerne, über dich selbst zu lachen, dann hast du stets Spaß.

141. Der Güte Gottes verdanken wir, dass unser Land über diese drei unaussprechlich kostbaren Dinge verfügt:

Redefreiheit, Gewissensfreiheit und die Klugheit, nichts davon jemals zu verwirklichen.
Mark Twain (1835-1910), amerikan. Schriftsteller u. Humorist

142. In der Krise wird der Charakter nicht geformt, in der Krise zeigt er sich vielmehr.
Robert Freeman

143. Den Erfolg eines Arbeitenden nennt der Faule Glück.

144. Die Liebe ist nur etwas für junge und alte Menschen – und für Menschen mittleren Alters.

145. Den Wartenden winkt kein Erfolg; auch wartet der Erfolg nicht auf die Menschen.

146. Wenn du nach oben willst, steige ganz unten ein.

147. Freunde sind wie Melonen, und weißt du auch warum? Du musst hundert probieren, bis du eine gute findest.
Joe-Barth Abba

148. Das Wörterbuch ist der einzige Ort, an welchem der Erfolg der Mühe vorangeht.
Vince Lombardi (1913-1970), US- amerikan. Football-Trainer

149. Die Klatschtanten fangen sich oft in ihrem eigenen Gerede.

150. Gib dein Bestes, und es wird wieder zu dir zurückkehren.

151. Wenn es ums Geben geht, halten manche Menschen bei Null an.

152. Liebe macht blind - die Ehe öffnet die Augen.
Pauline Thomason

153. Was es auch immer wert ist, getan zu werden, ist es wert, gut gemacht zu werden.
Lord Chesterfield (1694-1773), brit. Staatsmann und Diplomat

154. Das Schlimme an der Gelegenheit ist: Man erkennt immer leichter, dass sie vorbei ist, als dass sie kommt.

155. Ruhig zu bleiben ist die beste Methode, einem zornigen Menschen den Wind aus den Segeln zu nehmen.

156. Es ist nicht so sehr die Zahl der Stunden, die du investierst, als vielmehr das, was du in die Stunden investierst.

157. Kein Traum wird wahr, wenn man nicht aufwacht und an die Arbeit geht.

158. Sei nicht traurig, wenn deine Träume nicht wahr werden – sei dankbar, dass sich auch deine Alpträume nicht verwirklichen.

159. Lachen ist die beste Arznei für ein langes und glückliches Leben. Wer lacht, lebt länger.

160. Das Geheimnis der Zufriedenheit besteht darin, die errungenen Gaben zu zählen, während andere ihre Probleme aufrechnen.

161. Wer jemand anderem die Last zu tragen hilft, ist in dieser Welt kein Versager.

162. Korrektur mag uns formen; Ermutigung spornt uns an.

163. Klug ist, wer die Grenze kennt, an der der Ehrgeiz aufhört, eine Tugend zu sein.

164. Ehrgeiz ist der Keim aller edlen Gesinnung.
Oscar Wilde (1854-1900), irischer Dramatiker, Dichter und Schriftsteller

165. Zum Redehalten hat mir mein Vater drei Tipps gegeben: „Sei aufrichtig… halte dich kurz… nimm Platz.“
James Roosevelt (1907-1991), ältester Sohn von Präsident

Franklin D. Roosevelt

166. O Herr, du gibst uns alles einzig zum Preis eines Versuchs!
Leonardo da Vinci (1452-1519), italienischer Mathematiker, Erfinder und Schriftsteller

167. Bei nicht wenigen Leuten käme weit mehr heraus, wenn sie beim Reden statt zu sprechen etwas sagen würden.

168. Ein kleines Beispiel zählt mehr als eine Gallone guter Ratschläge.

169. Lächle eine Zeit lang und dann gönne deinem Gesicht eine Pause.

170. Die Freundlichkeit, die wir unseren Mitmenschen morgen entgegenbringen sollen, heilt heute noch keinen „Kopfschmerz".

171. Besser jemand, der einem hilft, die eigenen Schwächen zu korrigieren, als jemand, der sie nur ständig aufdeckt.

172. Wenn du aufhörst zu denken, bevor du sprichst, musst du dich nachher nicht ärgern über das, was du gesagt hast.

173. Falsches Handeln kennt keine „richtige Methode".

174. Es geht nicht dauernd so sehr darum, wo wir uns befinden, als vielmehr darum, in welche Richtung wir gehen.

175. Die einzige Möglichkeit, eine Meinungsverschiedenheit beizulegen, ist die, dass wir es auf der Grundlage dessen tun, was richtig ist, und nicht auf der Grundlage, wer von den beiden recht hat.

176. Kommst du an die Weggabelung der Versuchung, nimm den rechten Weg.

177. Sag mir nicht, wie viel du weißt, bevor ich herausgefunden habe, wie sehr es dich interessiert.

178. Wir bestreiten unseren Lebensunterhalt mit unseren Einnahmen, aber wir leben von dem, was wir geben.
Winston Churchill (1874-1965), britischer Premierminister

179. Das Genie schießt auf das, was alle anderen nicht sehen – und trifft es.

180. Übertreib nie deine Fehler, denn deine Freunde werden darauf achten.
Bob Edwards (1859-1922), kanadischer Zeitungsmann und Unternehmer

181. Der schlimmste Chef, den man haben kann, ist eine schlechte Gewohnheit.

182. Wer wir sind und was wir tun, gibt Auskunft darüber was wir sind.

183. Der Zorn ist selten vernünftig, die Vernunft selten zornig.

184. Wir sollten dankbar sein, in einem Land zu leben, in welchem die Menschen behaupten dürfen, was sie meinen, ohne zu denken.
Alfred A. Martins

185. Vier Schritte zum Erfolg: Sorgfältige Planung, Vorbereitung mit Gebet, positives Vorgehen und beharrliche Zielverfolgung.
William A. Ward (1921-1994), amerikanischer Aphoristiker

186. Erfahrung ist, was dir widerfährt, während du etwas anderes erwartet hast.

187. Gott gibt uns die Zutaten für unser Täglich Brot, aber Er erwartet, dass wir es uns selbst backen.
William A. Ward (1921-1994), amerikanischer Aphoristiker

188. Wenn wir schon nicht für das danken, was wir bekommen, dann wenigstens für das, was uns nicht trifft.

189. Der Weise löscht das Feuer eines entbrannten Streites mit Schweigen.

190. Manche Menschen haben solche Angst vorm Sterben, dass sie nie beginnen, zu leben.
Henry Van Dyke (1852-1933), amerikanischer Schriftsteller, Erzieher und Geistlicher

191. Lass dein Licht scheinen; selbst kleine Lichter haben schon große Schiffe sicher in den Hafen geleitet.

192. Ein Lügner ist jemand, der sich an die falsche Seite der Tatsachen hält.

193. Deine Furcht behalte für dich selbst; aber teile deinen Mut mit anderen.
Robert Louis Stevenson (1850-1894), schottischer Romanschriftsteller und Dichter

194. Niemand, der aufrichtig von sich sagen kann: „Ich hab mein Bestes getan", ist ein Versager.

195. Du musst lernen, die kleinen Dinge des Lebens zu genießen – Gott hat ihrer so viele gemacht!

196. Manche Leute sind so sehr ans Übertreiben gewöhnt, dass sie nie bei der Wahrheit bleiben können.
Josh Billings (1818-1885), amerikan Schriftsteller u Humorist

197. Manch einer ist verschuldet, weil er tatsächlich ausgibt, was er angeblich einnimmt.

198. Fürchte niemals Kritik, wenn du im Recht bist; wenn

du aber falsch liegst, darfst du sie nie ignorieren!

199. Wer tut, was wirklich zählt, hört meist nicht auf, diese Taten auch zu zählen.

200. Der Weise hat ein langes Ohr und eine kurze Zunge.
Deutsches Sprichwort

201. Es ist gut, sich daran zu erinnern: Ein Teekessel pfeift auch dann noch, wenn er bis zum Hals voll heißen Wassers steht.
Amerikanisches Sprichwort

202. Erwarte niemals Dank. Kommt er doch, kannst du überrascht und erfreut sein.

203. Wir nehmen uns alle vor, es morgen besser zu machen, und das gelänge uns auch, würden wir schon heute damit beginnen. Die Losung heißt: Anpacken!
Joe-Barth Abba

204. Träume können wahr werden-wenn du nicht allzu lange schläfst!

205. Manche verbreiten Freude, wo immer sie auch gehen; andere dann, wenn sie gehen.
Oscar Wilde (1854-1900), irischer Dramatiker, Dichter und Schriftsteller

206. Die wenigsten Menschen, die sich selbst Loblieder singen, können die Tonart halten.

207. Immer Kopf hoch, aber aufgepasst, dass die Nase auf freundlichem Niveau bleibt!

208. Das Geheimnis der Zufriedenheit besteht darin, dass man genießt, was man besitzt und alle Wünsche vergessen kann, die jenseits des Erreichbaren liegen.
Lin Yutang (1895-1976), chin. Schriftsteller und Erfinder

209. Noch niemand ist für das geehrt worden, was er bekommen hat, sondern immer für das, was er gegeben hat.
Calvin Coolidge (1872-1933), 13. Präsident der Vereinigten Staaten

210. Das Glück kommt durch Türen in unser Leben, die wir allzu oft vergessen, offen zu lassen.
Rose Wilder Lane (1886-1968), amerikan Journalist u. politischer Denker

211. Freunde muss man sich machen, noch bevor man sie braucht.
Ethel Barrymore (1879-1959), amerikanische Schauspielerin

212. Ein Spruch lautet: „Wie man sich bettet, so liegt man" – eine glatte Lüge: Habe ich mein Bett nämlich schlecht gemacht, so mache ich es – wenn es Gott gefällt – eben noch einmal.
G. K. Chesterton (1874-1936), englischer Schriftsteller.

213. Je fauler ein Mensch ist, desto größere Pläne hat er für morgen.
Norwegisches Sprichwort

214. Wer oft zu Gott nach oben blickt, wird schwerlich auf andere hinabblicken.

215. Slang ist ein Mittel, der Ignoranz Gehör zu verschaffen.
216. Ein guter Sinn für Humor lässt einen über das lachen, was einen sonst verrückt werden ließe.

217. Gerümpel ist etwas, das du jahrelang aufbewahrst und wegwirfst, kurz bevor du es brauchst.

218. Gefahr erkannt, Gefahr gebannt.

219. Die Freundschaft zählt zu den süßesten Freuden des Lebens. Viele wären der Bitterkeit ihrer Prüfungen erle-

gen, hätten sie nicht rechtzeitig einen Freund gefunden.
Charles Spurgeon (1834-1892), britischer Baptistenprediger

220. Die Gedanken werden nach den Taten beurteilt.

221. Hast du etwas Mittelmäßiges vor, so warte damit bis morgen. Hast du etwas Gutes vor, tu es gleich jetzt.

222. Der Sarkasmus, den man sich verkneift, kehrt auch nie zurück, um einen zu verfolgen.

223. Das Eingeständnis eigener Fehler kommt gleich nach der Unschuld.
Publilius Sysrus (1. Jhdt.), römischer Maximenschreiber

224. Vertrauen ist das, was man hat, bevor man eine Situation richtig erkannt hat.

225. Zur Schlussfolgerung zu springen ist ein gefährlicher Akt geistiger Akrobatik.

226. Hast du anfangs Misserfolg, versuch es gleich nochmal. Will sich der Erfolg immer noch nicht einstellen, dann lass es bleiben. Setz dich erst mal hin und überlege. Hartnäckigkeit ist eine edle Tugend, aber sie ist kein Ersatz für abschätzendes Überlegen.
R. W. Jansen

227. Als der Herr uns die Zehn Gebote gab, hat er keine Zusatzartikel erwähnt.

228. Welche Nachrichtenknappheit würde sich nicht einstellen, gehorchten die Menschen nur den Zehn Geboten!

229. Wenn dich deine Kinder anwidern, dann stell dir vor, wie es da Gott mit Seinen Kindern gehen muss!

230. Am Ende wird alles gut werden werden, und wenn es noch nicht gut ist, dann ist es noch nicht das Ende.
Oscar Wilde

Teil V

Humor und Anekdoten, Humor, Späße, Rätsel und Anekdoten

a. Ein falscher Prophet feiert

Ein Mann, der sich selbst für Johannes den Täufer hielt, ärgerte seine Nachbarschaft. Um der öffentlichen Sicherheit willen steckte man ihn deshalb in die psychiatrische Abteilung eines Krankenhauses.
Dort angekommen, sperrte man ihn in ein Zimmer zusammen mit einem anderen Verrückten. Sofort begann er mit seiner Marotte: „Ich bin Johannes der Täufer!

Der Herr hat mich gesandt, um Christus, dem Messias, vorauszugehen!"
Der andere blickte ihn unverwandt an und erklärte: „Ich bin der Herr, dein Gott; ich habe dich aber nicht gesandt!"

b. O Herr, trifft nochmal!

Die Pfarrkirche war dringend reparaturbedürftig, also berief der Pfarrer eine Sondersitzung in der Kirche ein, um Geld zu sammeln. Während der Versammlung erklärte der Pfarrer, es sei höchst notwendig, einen Notfonds einzurichten, damit man das Dach ausbessern, die Säulen stützen und noch andere Dinge reparieren könne. Danach bat er die Anwesenden, eifrig zu spenden.
Nach einer kurzen Pause sagte Mr. Murphy, der reichste Mann im Kirchenbezirk, er werde fünfzig Dollar geben. Kaum hatte er sich niedergesetzt, fiel ein Brocken Verputz

von der Decke und ihm auf den Kopf. Er sprang auf, sah ganz erschrocken drein und korrigierte sich: „Ich wollte eigentlich fünfhundert Dollar sagen".
Die Versammlung war fassungslos und blieb still. Plötzlich rief eine einsame Stimme von hinten:
„Herr, mach's nochmal!"

c. Gebetstreff

Ein Pfarrer besuchte einen Gebetstreff für die Kirche. Während man betete, nickte er plötzlich ein. Nachdem das Gebet zu Ende war, weckte ihn einer der Ältesten auf und fragte: „Herr Pfarrer, warum haben Sie das Gebet verschlafen?"
Der Pfarrer antwortete: „Um Himmels willen, nein! Ich habe nicht geschlafen, mich hat vielmehr der Heilige Geist entführt!"

d. Die Sünde der Lüge

Ein Pfarrer erzählte seiner Versammlung: „Nächste Woche werde ich über die Lüge predigen. Damit ihr meine Predigt versteht, möchte ich, dass ihr alle Markus 17 lest".
Am darauffolgenden Sonntag, als sich der Pfarrer zu predigen anschickte, bat er die Versammelten, die Hände zu heben, um zu sehen, wie viele von ihnen Markus 17 gelesen hatten.
Alle Hände gingen in die Höhe. Der Pfarrer lächelte und sagte: „Das Markusevangelium hat nur 16 Kapitel. Und nun werde ich über die Lüge predigen".

e. Brief an Gott

Ein Junge entschloss sich einmal, einen Brief an Gott zu schreiben, weil er nicht wusste, wo er Ihn treffen könnte. Der Junge war der Ansicht, die Post würde schon wissen, wie sie den Brief an Gott im Himmel zustellen könnte. Er schrieb also einfach den Brief mit seinen Wünschen, steckte ihn in ein Kuvert, klebte eine Briefmarke drauf und adressierte ihn mit folgenden Worten an Gott:
An: Den allmächtigen Gott
c/o Jesus Christus, Himmel
Die beste Art, mit Gott zu sprechen, ist unser aufrichtiges und demütiges Gebet zu Ihm.

f. Der Taubstumme

Ein Stummer näherte sich einmal einem Gentleman und bat ihn um ein Almosen. „Es tut mir leid", sagte dieser, „aber ich habe kein Geld bei mir. Wie heißt du, damit ich dir Geld schicken kann?"
„Ich heiße Jemima", sagte der Stumme ganz aufgeregt. „Ich wohne ganz in der Nähe dieses Fuhrparks da".
„Großartig", sagte der Gentleman, „du bist ja wirklich taubstumm".

g. Die Hoffnung eines Jungen

Ein kleiner Junge sehnte sich einmal nach einhundert Dollar. Er ging mit seinem Anliegen zu seiner Mutter. Seine Mutter erklärte ihm, er solle Gott im Glauben darum bitten. Der Junge betete zwei Wochen lang, doch ohne Erfolg.
Dann entschloss er sich, Gott einen Bittbrief zu schreiben und Ihn um einhundert Dollar anzubetteln. Als die Postbeamten den an Gott adressierten Brief in die Hände be-

kamen, öffneten sie ihn und beschlossen, ihn ihrem Chef zu schicken.
Der Chef war dermaßen vom Brief beeindruckt und berührt, dass er seiner Sekretärin Anweisung gab, dem kleinen Jungen einen Check über fünf Dollar auszustellen. Er dachte, für einen kleinen Jungen sei dies eine ganze Menge Geld.
Der Junge freute sich sehr, als er den Brief in Empfang nahm. Sogleich öffnete er ihn und erblickte den Scheck über fünf Dollar. Er setzte sich nieder und verfasste einen Dankesbrief: „Lieber Gott, danke vielmals für das Geld. Ich stelle fest, dass du ihn über Washington D. C. geschickt hast.
Mein Papa sagte, dass die Post in solchen Fällen für gewöhnlich fünfundneuzig Dollar abzweigt, um Homeland Security zu unterstützen und unser Land vor Terroristen zu schützen."

h. Der Glaube einer jungen Frau

Eine junge Christin hatte von Berufs wegen viel zu reisen und zu fliegen. Das Fliegen machte sie allerdings nervös, deshalb hatte sie immer ihre Bibel dabei, um im Flugzeug zu lesen und sich so zu entspannen.
Als sie wieder einmal flog, saß sie neben einem Mann. Als der sah, wie sie die Bibel hervorholte, gluckste er und wandte sich wieder seiner Beschäftigung zu. Nach einer Weile drehte er sich zu ihr und sagte: „Sie glauben den ganzen Kram doch nicht, der da drin steht?"
„Selbstverständlich glaube ich das", antwortet sie, „es ist ja schließlich die Bibel".
„Aha", sagt der Mann, „und was ist mit dem Kerl, den der riesige Fisch verschluckt haben soll?"

„Ach Jonas!" antwortete die Frau. „Ja, ich glaube auch das. Es steht so geschrieben. Und wenn die Bibel berichten würde, dass Jonas den großen Fisch verschluckt habe, dann würde ich auch das glauben."
„Hm. Wie, glauben Sie, hat der Mann das da innerhalb des Fisches wohl überlebt?"
„Oh, das weiß ich nicht", sagt die Frau. „Ich schätze, das werde ich ihn selbst fragen, wenn ich im Himmel bin."
„Was, wenn er gar nicht dort ist?", fragt der Mann sarkastisch.
Daraufhin die Frau: „Naja, dann können ja Sie ihn fragen, wenn Sie in der Hölle ankommen!"

i. Der unglücklichste Darsteller

Ein Pfarrer erzählte einmal Erstklässlern das Gleichnis vom verlorenen Sohn. Um zu testen, ob sie es verstanden hatten, fragte er: „Wer ist wohl am unglücklichsten von allen Leuten in dieser Geschichte, als der verloerene Sohn zurückkommt?"
Sofort schoss die Hand eines eifrigen Jungen nach oben: „Das gemästete Kalb, das dann geschlachtet wurde."

j. Das Beste am Alter

Eine 104-Jährige gab einmal ein Interview. „Was ist eigentlich das Beste am Alter?", fragte sie der Reporter. „Kein Gruppenzwang mehr!", antwortete sie.

k. Tempelbesucher

Manche sehen die Kirche in ihrem Leben nur dreimal von innen: Wenn sie getauft werden, anlässlich ihrer Hochzeit und beim Begräbnisgottesdienst. Zuerst bespritzen sie dich mit Wasser, beim zweiten Mal werfen sie Reis nach dir und beim dritten Mal bewerfen sie dich mit Dreck!

l. Zwischen zwei Dieben

Ein alter Pfarrer lag im Sterben und sandte seinem Steuerberater und seinem Anwalt eine Nachricht (beide waren Mitglieder der Kirche) Sie mögen bitte an sein Sterbebett kommen. Als die beiden ankamen, wurden sie sogleich in sein Zimmer geführt.
Als sie eintraten, streckte ihnen der Pfarrer seine Hände entgegen und bat sie, sich neben sein Bett zu setzen, einer links, der andere rechts. Dann nahm er ihre Hände, seufzte zufrieden, lächelte und starrte an die Decke. Lange Zeit sagte niemand ein Wort. Der Steuerberater und der Anwalt waren ganz gerührt, dass der Pfarrer gerade sie in seinen letzten Momenten bei sich haben wollte.

Andererseits aber waren sie erstaunt, da der Pfarrer nie angedeutet hatte, sie besonders zu mögen. Schließlich ermannte sich der Anwalt und fragte: „Vater, warum haben Sie gerade uns zwei gerufen?“.
Der alte Pfarrer nahm alle Kraft zusammen und flüsterte: „Jesus starb zwischen zwei Dieben, und so möchte ich auch sterben.“

m. Die drei Brüder

Ein Ire war gerade in ein kleines Dorf in Kerry County gezogen. Er ging in ein Pub und bestellte drei Bier. Der Kellner zog die Augenbrauen hoch, brachte dem Mann

aber seine drei Bier. Still trank der Mann ein Bier nach dem anderen aus und bestellte drei weitere. Das ging jeden Tag so.
Eines Tages sagte der Barkeeper freundlich zu ihm: „Die Leute fragen sich, weshalb Sie immer gleich drei Bier bestellen?"
„Verrückt, nicht?", antwortete ihm der Mann. „Sehen Sie, ich habe zwei Brüder. Einer ist nach Amerika gegangen, der andere nach Australien. Wir haben einander versprochen, jedes Mal, wenn wir ein Bier trinken, zwei weitere dazu zu bestellen.

Anderntags kommt der Mann wieder, bestellt diesmal aber nur zwei Bier. So ging das wieder einige Tage. Schließlich hielt es der Barkeeper nicht mehr aus und sagte mit Tränen in den Augen: „Die Leute hier – und ich an erster Stelle möchten Ihnen unser Beileid zum Tod Ihres Bruders zum Ausdruck bringen. Sie wissen schon – die zwei Bier jetzt und so."
Der Mann überlegte einen Moment und sagte dann breit grinsend: „Es wird Sie freuen zu hören, dass meine beiden Brüder wohlauf sind. Ich habe mir nur gedacht, ich gebe das Trinken für Lent auf.
Daher trinke ich jetzt nur mehr für uns zwei andere!"

Gruppe 2: Unterhaltung und Humor

a. Grabinschrift eines Theologen:

Hier liegt ein Doktor der Theologie.
War auch Mitglied des Trimity (College).
Er wusste so viel über Gottheit,

wie andere über die Dreifaltigkeit
Richard Porson (1759-1808)

b. Gottes Schöpfung

Am Anfang schuf Gott die Erde und ruhte sich aus.
Dann schuf Gott den Mann und ruhte sich aus.
Dann erschuf er die Frau.
Seitdem sind weder Gott noch Mann je wieder zur Ruhe gekommen.

c. Die kürzeste Predigt

In vielen Kreisen herrscht allgemeine Zustimmung darüber, dass die kürzeste „Predigt", die jemals gepredigt worden war, der Aufdruck eines Verkehrsschilds ist: „KEEP RIGHT" [„rechts halten"; ein Wortspiel, das auch „bleib anständig" bedeutet].

d. Fußstapfen

Nachdem seine Mutter Tayo ihren sechsjährigen Sohn dafür getadelt hatte, dass er Steine auf Nachbars Fenster geworfen hatte, sagte sie zu ihrem Sohn: „Tayo, ich möchte, dass du in die Fußstapfen deines Vaters trittst und ein feiner Gentleman wirst."
Nächsten Tag fand man Tayo in einem Gasthaus. Sein Vater, ein Stammgast, fragte ihn: „Tayo, was tust du hier?"
„Mama hat gesagt, ich solle in deine Fußstapfen treten!"

e. Unterricht in Sachen Lepra

Ein anglikanischer Bischof las einmal einen Artikel über

Lepra. Er war äußerst gefesselt, als er da las, erste Symptome der Krankheit zeigten sich dadurch, dass man an der erkrankten Stelle nichts mehr spüre.
Kurz darauf nahm der Bischof mit seiner Frau an einer Lesung teil. Als sie so Seite an Seite saßen und zuhörten, begann das Bein des Bischofs zu jucken.
Er beugte sich, um sich zu kratzen, als er verwundert feststellte, dass er nichts spürte.
Der Bischof drehte sich zu seiner Frau und flüsterte erschrocken: „Liebling, ich glaube, ich habe mich mit Lepra infiziert! Gerade habe ich mein Bein gekratzt und dabei gar nichts gespürt!“
„Ich glaube nicht, dass du Lepra hast“, versicherte seine Frau. „Es war nämlich mein Bein, was du gekratzt hast!“

f. Harmlos

Als eine Frau einmal den Heiligen Franz von Sales fragte, ob es denn eine Sünde sei, sich zu schminken, antwortete dieser: „Manche Theologen sind dieser Auffassung; andere dagegen halten es für harmlos.“
„Was rätst du mir?“, sprudelte es aus ihr heraus.
Franz von Sales riet ihr: „Warum nicht den Mittelweg wählen? Schmink dir doch einfach nur eine Wange!“

g. Nicht mein Bier

Dies ist die Geschichte von vier Menschen.
Sie heißen Jedermann, Jemand, Irgendwer und Niemand.
Eine wichtige Aufgabe musste erfüllt werden, und Jedermann war sicher, dass sie Jemand machen würde.
Sie könnte Irgendwer gemacht haben, aber schließlich

machte sie Niemand.
Jemand wurde ärgerlich darüber, denn das war ja wohl Jedermanns Aufgabe. Jedermann dachte, dass Irgendwer das erledigen könnte, aber Niemand war sich im Klaren darüber, dass nicht Jedermann die Arbeit würde tun können. Schließlich beschuldigte Jedermann Jemand, als Niemand das tat, was Irgendwer hätte tun können.

h. Die Beule

Ein Mann, der sich gerade einer komplizierten Operation hatte unterzie¬hen müssen, beklagte sich darüber, dass er eine große Beule und darüber hinaus starke Kopfschmerzen habe.
Weil es eine Darmoperation gewesen war, gab es eigentlich keinen Grund, weshalb der Mann nun Kopfschmerzen hätte haben sollen. Schließlich fürchtete die Krankenschwester, der Mann könnte unter einem postoperativen Schock leiden.
Sie berichtete ihre Befürchtungen dem Arzt. „Darüber machen Sie sich einmal keine Sorgen", beruhigte sie der Arzt. „Er hat tatsächlich eine Beule am Kopf. Er ist während der Operation aus der Narkose erwacht und wir hatten keinen Äther mehr."

i. Kommen auch Männer in den Himmel?

„Mama", fragte das kleine Mädchen, „kommen auch Männer in den Himmel?"
„Selbstverständlich, mein Schatz. Warum fragst du?", antwortete die Mutter. „Weil ich noch keinen Engel mit Bart gesehen habe", antwortete das Mädchen.

„Nun“, entgegnete die Mutter, „es kommen schon Männer in den Himmel, aber nur, nachdem sie sich ganz glattrasiert haben!“

Gruppe 3:
Menschliche Weisheiten und Anekdoten

a. Adam und der Teufel

Der Teufel war edler als Adam,
er hat die Schuld nicht auf seine Frau geschoben:
Wie ein tapfrer und heldenhafter Elf
hat er das ganze Verbrechen auf sich genommen.

b. Rippenzählen

Nach einigen Tagen, die Gott nicht im Garten Eden verbrachte, kommt Adam von einem Spaziergang zurück und trifft auf eine schmollende und misstrauische Eva.
„Mein lieber Schatz“, fängt er an, „wie kannst du nur eifersüchtig auf mich sein?
Erkennst du denn nicht, dass ich der einzige Mann auf Erden bin und du die einzige Frau?
Da ist sonst niemand!“
Nach weiteren Beteuerungen gelingt es Adam schließlich, seine Frau zu beruhigen. Schließlich werden die beiden müde und schlafen ein.
Noch vor Morgengrauen erwacht Eva, zieht Adam das Bärenfell vom Leib und beginnt, seine Rippen zu zählen

c. Das geht mich nichts an

Es heißt, dass sich die Menschen aus zweierlei Gründen keine Gedanken um die eigene Sache machen. Zum Ersten haben sie keine eigenen Gedanken und zum Zweiten keine eigene Sache.

d. Unschuldig und Schuldig

Ein Junge namens „Unschuldig“ und sein Freund Felix trafen sich vor der katholischen Ortskirche. Unschuldig war Katholik; er bat seinen Freund, kurz draußen auf ihn zu warten, bis er sich habe in der Kirche die Beichte abnehmen lassen.

Als er im Beichtstuhl saß, sagte er zum Priester: „Ich bin Unschuldig, Vater. Ich möchte beichten.“

„Mein liebes Kind“, erwiderte der ehrwürdige Vater, „du bist schuldig, deshalb hast du mich auch im Beichtstuhl aufgesucht. Jetzt bekenne deine Sünden.“

Unschuldig beichtete also und empfing den Rat und die geistliche Ermahnung des ehrwürdigen Vaters, der ihm zudem die notwendigen Bußgebete auferlegte.

Nach der Beichte ging Unschuldig wieder nach draußen zu seinem Freund Felix.

„Hallo, Unschuldig“, sagte Felix.

Darauf Unschuldig: „Ich fürchte, ich heiße nicht länger Unschuldig. Der ehrwürdige Vater hat gesagt, ich sei jetzt Schuldig!“

e. Ein kurzes und einfaches Gebet

Lieber Herr, ich habe heute alles richtig gemacht: Weder habe ich schlecht über andere geredet noch habe ich meine Fassung verloren; ich war nicht gierig, nicht mürrisch,

nicht garstig, selbstsüchtig oder allnachlässig.
Dafür bin ich sehr dankbar. Aber in wenigen Minuten, Herr, muss ich aufstehen, und von da an werde ich vermutlich wesentlich mehr Hilfe brauchen!
Amen.

f. Grabinschrift eines puritanischen Schlossers[1]

Kürzlich starb ein fleißiger Schlosser
Und kam an des Himmels Tür.
Er stand so da und klopfte nicht,
weil er das Schloss knacken wollte.
William Camden (1551-1623)

g. Ich bin durstig!

Ein kleiner Junge wurde von seiner Mutter zu Bett geschickt. Fünf Minuten später …
„Mammi!"
„Was?"
„Ich bin durstig. Kannst du mir ein Glas Wasser bringen?"
„Nein, du hast Zeit genug gehabt, zu trinken. Licht aus!"
Eine Weile war es ganz ruhig, aber nach ein paar Minuten …„Mammi!"
„Was?"
„Ich bin durstig! Kann ich ein Glas Wasser haben?"
„Ich habe nein gesagt. Wenn du mich noch einmal fragst, gibt's ein paar auf den Hintern!"
Fünf Minuten später …
„Mama?"
„Was!?"
Wenn du kommst, um mir ein paar auf den Hintern zu geben, könntest du da bitte ein Glas Wasser mitbringen?

h. Wie trägt man sein Kreuz?

Wie sollen wir unser Kreuz tragen?
Wir sollten unser Kreuz nicht tragen und dabei das Schicksal verfluchen wie der Esel, wenn er seine schwere Last trägt oder protestieren wie die Ochsen und die Pferde, die ihren Karren zu ziehen haben.
Auch sollten wir nicht erwarten, himmlischen Lohn zu bekommen wie ein angestellter Arbeiter, der für seinen Lohn arbeitet.
Vielmehr sollte man sein Kreuz im Geist einer liebenden Frau tragen, die ihren gelähmten Ehemann oder ihr krankes Kind aufopfernd liebt und mit hingegebener Selbstaufgabe pflegt.
Wir sollten unser leichtes Kreuz mit dem Kreuz vergleichen, das unheilbar Kranke zu tragen haben.
Kraft und Inspiration müssen wir uns bei Jesus holen, der uns mit Seinem noch schwereren Kreuz vorausgeht und uns hilft, unser eigenes Kreuz zu tragen.
Das Kreuz bedeutet Leiden.
Im Allgemeinen sprechen wir vom natürlichen Kreuz (z.B. Krankheit, Naturkatastrophen, Tod), dann aber auch vom Kreuz, das mit der treuen Ausübung unserer menschlichen Pflichten zu tun hat, vom Kreuz, das uns andere auferlegen, und vom Kreuz, das wir uns selbst auferlegen.
Das wahre Kreuz ist aber jener Schmerz, den wir für andere erleiden.
Es ist jenes heiligende Leiden, das damit zu tun hat, dass wir anderen aufopfernd Gutes tun.
Es ist das Leiden unausgesetzter Bemühung, unsere eigenen bösen Neigungen zu beherrschen, um einen höheren Grad der Heiligkeit zu erlangen.

Es ist auch das Leid, mit Jesus zu gehen und Ihm frohgemut zu folgen, auch wenn uns das den Spott und die Demütigung der Welt einbringt.
Autor unbekannt

i. Öffentliches Bekenntnis

Vier Pfarrer fuhren nach einer Konferenz, in der es um die Notwendigkeit der Wiederherstellung der alten Praxis gegenseitiger Beichte ging, nach Hause. „Weshalb fangen wir nicht selbst gleich damit an?", fragte der älteste unter ihnen. Die anderen stimmten zu, und sie begannen, einander ihre Sünden zu beichten.
Der erste begann: „Ich muss bekennen: Meine größte und irremachende Sünde ist meine Geldgier, die meine Aufmerksamkeit auf die reicheren Leute in meiner Gemeinde lenkt und mich an all ihren Partys teilnehmen lässt. Darüber vergesse ich völlig die Armen."
„Ich bin spielsüchtig", schloss sich der zweite an. „Ich liebe die Lotterie, die Casinos und auch das Bingospiel mit meinen katholischen Nachbarn."
„Obwohl ich eine wunderbare Frau habe", sagte der dritte, „hab ich es mit den Frauen. Ich sehe so gerne schöne Frauen an. Ich muss gestehen, dass ich sie lustvoll ansehe."
Der vierte Geistliche blieb stumm. „Was ist mir dir, Harry?", fragten die anderen. „Hast du denn nichts zu bekennen?"
„Tja, meine Sünde besteht im Schwätzen. Ich kann es kaum erwarten, meiner Frau daheim von all euren Sünden zu erzählen!"

j. Du sollst nicht töten

Eine Sonntagsschullehrerin sprach mit ihren Fünf- und Sechsjährigen über die Zehn Gebote.
Nachdem sie ihnen das Gebot „Ehre Vater und Mutter" erklärt hatte, fragte sie: „Gibt es ein Gebot, das uns lehrt, wie wir unsere Brüder und Schwestern behandeln sollen?" Ohne einen Moment lang zu zögern, rief ein kleiner Junge: „Du sollst nicht töten!"

k. Altertum

Der 6. März 1857 war einer der dunkelsten Tage in der Geschichte Amerikas. Sieben zu Zwei stimmten die Richter damals am Obersten Bundesgericht der Vereinigten Staaten dafür, dass Afroamerikaner keine juristischen Personen seien. Sie zählten vielmehr zum Eigentum: Sie durften benutzt, verkauft, zum Glück geschlagen und sogar getötet werden. Damit war die Sklaverei beibehalten. 1868 verfügte der 14. Zusatz eine Änderung in der Verfassung: Ab sofort verfügten auch die Schwarzen über die vollen Bürgerrechte.
Die Sklaverei wurde abgeschafft; ab sofort galten alle Bürger vor dem Gesetz gleich. Man beachte aber: Das Gesetz hat den Schwarzen ihre Rechte nicht gegeben – die hatten sie immer gehabt! Gott hat alle Menschen gleich geschaffen!
Der vierzehnte Verfassungszusatz erkannte nur die Rechte an, die die Sklaven von Gott schon immer hatten. So wurde das Gesetz der Menschen dem Gesetz Gottes angeglichen.
Am 22. Januar 1973 brach erneut ein dunkler Tag an: Wieder stimmte das Oberste Bundesgericht sieben zu

zwei, und diesmal hieß es, der vierzehnte Verfassungszusatz beziehe sich nicht auf die ersten neun Monate im Leben eines Kindes im Mutterleib. Es stehe der Mutter demnach frei, ihre Schwangerschaft während der neun Monate jederzeit zu unterbrechen.

Durch diesen Beschluss („Roe vs. Wade") wurde die Abtreibung in allen fünfzig Staaten legalisiert. Das Problem beschränkt sich aber nicht auf die Abtreibung. Hunderte von alten und todkranken Menschen werden in fortschrittlichen Ländern getötet. „Sterbehilfe" nennt man das dann, oder Euthanasie.

Der Selbstmord steht in den Vereinigten Staaten an achter Stelle der Todesursachen. Im Jahr 2001 nahmen sich in den Vereinigten Staaten 30.622 Menschen das Leben. Unter den Jugendlichen im Alter zwischen fünfzehn und neunzehn steht der Selbstmord gar an dritter Stelle. Pro Tag nehmen sich also neunzehn Jugendliche das Leben – und in nur fünf Prozent dieser Fälle kann Geisteskrankheit nachgewiesen werden.

Warum sollte das Leben respektiert werden? Dafür gibt es einige Gründe. Erstens sagt die Bibel, das Leben sei eine Gabe Gottes, daher haben wir es von der Wiege bis zur Bahre zu achten. Dem Wort Gottes folgend erklärt die Kirche das ungeborene Kind vom Moment seiner Empfängnis an zum kostbaren Schatz, weil es mit einer unsterblichen Seele ausgestattet ist.

In Psalm 139,13-16 heißt es:

Denn du hast mein Inneres geschaffen, mich gewoben im Schoß meiner Mutter. Ich danke dir, dass du mich so wunderbar gestaltet hast. Ich weiß: Staunenswert sind deine Werke. Als ich geformt wurde im Dunkeln, kunstvoll gewirkt in den Tiefen der Erde, waren meine Glieder dir nicht verborgen.

Deine Augen sahen, wie ich entstand, in deinem Buch war schon alles verzeichnet; meine Tage waren schon gebildet, als noch keiner von ihnen da war.
In Jeremia 1,5 steht geschrieben: Noch ehe ich dich im Mutterleib formte, habe ich dich ausersehen, noch ehe du aus dem Mutterschoß hervorkamst, habe ich dich geheiligt, zum Propheten für die Völker habe ich dich bestimmt.
Zweitens hat Gott geboten, nicht zu töten (2. Mose 20,13). Die Umstände der Empfängnis ändern das Böse einer Abtreibung nicht: Es ist immer ein kleiner Mensch anwesend, was da getötet wird.
Jeder kleine Embryo kann ein fertiges Kind werden; die moderne Medizin-Technik kann es möglich machen, dass der
Embryo nach fünfeinhalb Monaten sogar außerhalb des Mutterleibs überlebt. Am fünfundzwanzigsten Tag beginnt das Herz des Embryos zu schlagen; am vierzigsten Tag beginnt sein Gehirn zu arbeiten.
Drittens verbietet das internationale Gesetz, unschuldige und wehrlose Menschen zu töten. Die Abtreibung ist aber nichts anderes als die Tötung eines unschuldigen Kindes am sichersten Ort der Welt – dem Mutterleib, und das aus ganz selbstischen Beweggründen.
Und zuletzt schädigt eine Abtreibung eine Frau auch gesundheitlich, emotional, gesellschaftlich und geistlich-
Kevin Lee

l. Sei freundlich, du begegnest Jesus in Verkleidung

Ein Aussätziger ging einmal in eine Hotelbar, setzte sich und sagte zum Barkeeper: „Bevor ich etwas bestelle,

möchte ich, dass Sie wissen: Ich bin mir bewusst, wie ich auf die Menschen wirke.
Ich würde voll und ganz verstehen, wenn Sie mir nichts bringen wollten."
„Im Gegenteil, mein Herr", sagte der Barkeeper, „ich bin hier angestellt und Sie sind mein Kunde. Ich werde Sie gerne bedienen. Was wünschen Sie?"
„Wenn es keine Umstände macht, hätte ich gerne einen Whiskey", antwortete der Aussätzige.
„Sofort, der Herr!" Der Barkeeper schenkte einen Whiskey in ein Glas und ging damit hinter die Bar, offenbar, um ein paar Gläser zu waschen; der Aussätzige hörte allerdings, wie er sich die Eingeweide aus dem Leib kotzte. Einige Minuten später kehrte er zurück und wischte sich mit einem Lappen den Mundwinkel trocken.
Der Aussätzige eröffnete ihm: „Sehen Sie, ich hatte ihnen ja gesagt, ich würde es verstehen, wenn Sie es ablehnten, mich zu bedienen.
Sie hätten sich das um meinetwillen nicht antun müssen!"
„Das weiß ich, mein Herr", gab der Barkeeper zurück, „und glauben Sie mir:
Das hätte mir auch gar keine Probleme bereitet, aber der Betrunkene da neben Ihnen hat Sie die vergangenen drei Minuten umarmt, als wäre er der heilige Franz von Assisi und Sie selbst Jesus in Verkleidung!"

Gruppe 4: Bewunderer, Nachahmer und Lobredner

a. Der Segen eines Papstes

Als der Papst einmal einem französischen Arzt Audienz

gewährte, sagte dieser zum Obersten Pontifex: „Heiliger Vater, es gibt so viele französische Ärzte, die praktizierende Katholiken sind. Sie bitten Euch um Euren Segen für ihre Arbeit.“
Pius XI. antwortete: „Ich segne nicht nur eure Arbeit, eure Häuser und Familien, sondern vor allem eure Patienten!“

b. Eheliche „Seligpreisung“

Carl D. Windsor erzählt in seinem Buch „On This Day“ folgende An¬ekdote:
Selbst das verliebteste Ehepaar wird von Zeit zu Zeit „stürmische“ Momente erleben. Eine Großmutter hat einmal anlässlich ihrer goldenen Hochzeit verraten, worin das Geheimnis ihrer langen und glücklichen Ehe bestehe: „Ich hatte mir am Hochzeitstag eine Liste angefertigt. Auf dieser Liste standen zehn Fehler meines Mannes. Ich hatte mir vorgenommen, diese Fehler um der Ehe willen zu übersehen“, sagte sie.
Ein Gast fragte die Frau, was das für Fehler gewesen seien? Die Großmutter erwiderte: „Um die Wahrheit zu sagen, mein Lieber, bin ich nie dazu gekommen, diese Fehler aufzuschreiben. Aber jedes Mal, wenn mich mein Mann stinksauer machte, sagte ich mir: Glückselig bist du, Mann! Du hast gerade einen jener zehn Fehler begangen, die ich mir zu übersehen vorgenommen habe!“
Diese „Seligpreisung“ soll uns heute erneut daran erinnern, dass wir von Gott abhängig sind, dass wir Ihn in unserem Leben als oberste Autorität anerkennen und die Quelle unserer Identität und unseres Glücks in Ihm suchen sollen.

c. Grabinschrift in einem ländlichen Kirchenbezirks

Hier liegt an diesem ruhigen Ort
„Old Giles“. Läutet ihm die Totenglocken!
Er dachte: Kein Lied sei wie ein „Psalm“,
Keine Musik so wie diese Glocke.

d. Der Märtyrer auf der Kirchenbank

Eine Dame, die einen bestimmten Prediger verehrte, lud einmal einen Bischof ein, einer seiner Predigten zu lauschen. Nach der Predigt fragte die Frau den Bischof, was er von der Predigt gehalten habe?
„Sie war ziemlich lang“, sagte der Bischof.
„Ja“, gab die Frau zurück, „aber unter den Zuhörern befand sich ein Heiliger“.
Der Bischof antwortete: „Und ein Märtyrer in der Bank!“

e. Der Papst und der Rechtsanwalt

Ein Papst und ein Rechtsanwalt kamen nach ihrem Hinscheiden an der Himmelstür an. Dort wartete Petrus schon auf sie, um ihnen ihr Quartier zu zeigen.
Zuerst führte er den Papst in seine neue Wohnung. Sie war mit einem klapprigen Stuhl, einem alten Tisch und mit der Heiligen Bibel ausgestattet. Dann begleitete er den Rechtsanwalt in seine neue Bleibe, einer großzügig, ja geradezu luxuriös ausgestatteten Wohnung.
„Entschuldigung“, wandte sich der Rechtsanwalt an den Heiligen Petrus, „ich glaube, das ist eine Verwechslung. Sollte das nicht eher die Wohnung des Heiligen Vaters sein?“

„Nein“, gab Petrus zurück, „Päpste haben wir im Himmel jede Menge; du aber bist der erste Rechtsanwalt hier“.

g. Das Liebesgebot

Ein Pastor verheiratete eines Sonntags mehrere Paare. Am Schluss des Gottesdienstes verteilte er an alle Ehepaare kleine Kreuze aus Holz. „Hängt dieses Kreuz in dem Zimmer auf, in dem ihr am meisten streitet“, sagte er, „damit ihr euch an Gottes Liebesgebot erinnert und das Streiten lasst“.
Nach dem Gottesdienst kam eine Frau auf den Pastor zu und sagte: „Ich bräuchte bitte noch vier Kreuze!“

Gruppe 5: Augenblicke der Entspannung

a. An der Himmelstür

Paddy, ein Ire, gelangte an die Himmelstür. Petrus schüttelte den Kopf: „Du stehst nicht auf meiner Liste“, sagte er zu Paddy.
„Das kann ganz und gar nicht sein“, gab Paddy zurück. „Bitte siehe doch noch einmal nach!“
„Es tut mir leid; ich hab mir alle O’Learys angesehen – und du stehst da nicht drauf“, gab Petrus betrübt zurück.
„Kann ich denn gar nichts tun, Eure Heiligkeit?“, fragte Paddy.
„Jetzt ist es zu spät“, antwortete Petrus. „Es zählt, was du auf Erden getan hast!“
Niedergeschlagen ließ Paddy seinen Kopf hängen.
„Schau“, sagte Petrus voll Mitleid, „vielleicht kann ich

ein gutes Wort für dich einlegen. Hast du jemals etwas sehr Gutes getan?"

Leider war Paddy eine totale Niete. Umso niedergeschlagener sah er drein.

„Nun gut", sagte Petrus freundlich: „Etwas sehr Tapferes vielleicht?"

„Oh!", hellte sich der Blick Paddys auf, „Ich habe mich einmal mitten auf die Straße von Falls Road gestellt und gebrüllt: ‚Nieder mit allen Katholiken und Protestanten!"

„Das ist in der Tat bemerkenswert", sagte der Heilige Petrus. „Wann war das?"

„Huh, das war so vor etwa dreißig Sekunden", antwortete Paddy.

b. Eine gute Predigt

Eine gute Predigt hilft den Menschen auf zweifache Weise: Einige stehen gestärkt auf, andere wachen erfrischt auf.

c. Grabinschrift eines Gottesfürchtigen

Hier liegt ein Teil Christi, ein Stern im Staub;
Eine Goldader, reinstes Porzellan, das nun
Im Himmel findet seinen Gebrauch,
wenn Gott die Gerechten bewirtet.

d. Benachteiligung

Mehr als drei Wochen schon hatte man in einem morgenländischen Hotel in Afrika kein Licht. Das verursachte dem Hotel und seinen Gästen große Unannehmlichkeit.

Eines Tages kam ein Angestellter der nationalen Elektrizitätswerke auf einen Drink ins Hotel.
Um ihm die Unfähigkeit seiner Firma heimzuzahlen, servierte man ihm ein warmes Bier.
Der Angestellte beschwerte sich über diese Benachteiligung mit dem Hinweis auf die anderen Gäste, die sich eines kalten Bieres erfreuen konnten. „Bin ich denn nicht Mensch wie alle anderen auch?“, fragte er.
„Selbstverständlich“, sagte der Barkeeper, „aber sind Sie denn nicht Angestellter der nationalen Elektrizitätswerke? Wir haben seit drei Wochen kein Licht im Hotel. Sorgen Sie dafür, dass wir Licht bekommen, dann bekommen Sie auch kaltes Bier.“
In derselben Nacht gingen im Hotel plötzlich die Lichter wieder an.

e. Im Schoße Moses

Eine liebenswerte alte Dame rief den Pfarrer zu sich, um ihr die Krankensalbung zu gewähren, da sie spürte, wie es mit ihr zu Ende ging.
Nachdem ihr der Pfarrer die Salbung hatte zuteil werden lassen, sagte sie zu ihm: „Schon bald schaukle ich auf dem Schoß des Mose“. „Nein, meine Liebe“, antwortete der Pfarrer, „die Bibel spricht vom Schoß Abrahams“.
Sie antwortete: „Vater, bei meinem Alter wir es doch nicht viel ausmachen, wessen Schoß es ist!“

f. Grabinschrift eines Pfarrers

Geht, erzählt der Gemeinde, dass ich tot bin,
Doch sagt ihr, sie könne sich die Tränen sparen,
Denn in meinem Tod bin ich doch nicht weniger tot
Als die Gemeinde es all die Jahre war.

g. Keine Chance

Ein Bestattungsunternehmer rief einen Kunden an, um sich nähere Instruktionen bezüglich des Leichnams seiner Schwiegermutter zu erbitten.
„Sollen wir den Leichnam einbalsamieren, verbrennen oder vergraben?"
„Tun Sie am besten alle drei Dinge", antwortete der Kunde wie aus der Pistole geschossen. „Geben Sie ihr keine Chance!"

h. Kein Ziel

Nachdem sein atheistischer Freund gestorben war, sah der Mann auf den Leichnam im Sarg und sagte: „So schick gekleidet und doch kein Ziel".

i. Nachruf

Überrascht entdeckte ein Mann seinen Nachruf in der Lokalzeitung. Er rief seinen Freund an und fragte ihn: „Hast du meine Todesanzeige in der Zeitung gelesen?"
„Ja", sagte sein Freund mit zittriger Stimme. „Von wo rufst du an?
Vom Himmel oder von der Hölle?"

j. Der große Gleichmacher

Alexander der Große fand einst seinen Philosophenfreund Diogenes dabei, wie der auf einem Feld konzentriert auf einen Knochenhaufen starrte.
Als ihn Alexander fragte, was er da mache, drehte sich der alte Mann um und antwortete:

„Ich suche die Knochen deines Vaters Philip, kann sie aber in dem ganzen Haufen einfach nicht ausmachen." Alexander verstand: Im Tod sind alle gleich. Vom Ersten bis zu Letzten, vom Schönsten bis zum Gewöhnlichsten – der Tod macht alle gleich.

k. Freunde dort und da

Ein Pfarrer besuchte ein todkrankes Gemeindemitglied im Krankenhaus. Als er den Kranken zu trösten begann, sagte der: „Machen Sie sich keine Sorgen darüber, wohin ich gehe. Ich habe Freunde auf beiden Seiten!"

l. Himmlisches Bankett

Das kleine Mädchen kommt von der Sonntagsschule nach Hause und eröffnet ihrer Mutter: „Mama, heute haben wir gelernt, dass Gott die Menschen auf Erden für ein Festessen im Himmel bereit macht!"
„Das stimmt", antwortete die Mutter.
„Wie sieht es aber mit Oma aus? Sie hat immer noch das alte Gebiss; sollte ihr der Zahnarzt nicht bald ein neues machen?"
Sie weiß, dass Gott ihr im Himmel ganz neue und schöne Zähne schenken wird", gibt die Mutter zurück.

Gruppe 6: Die Höhen und Tiefen des Lebens

a. Ruhe in Frieden

Ein Vierjähriger und ein Sechsjähriger schenkten ihrer Mutter eine Zimmerpflanze. Sie hatten sie vom eigenen Geld gekauft.
Die Mutter war hoch erfreut.
Da sagte der ältere der beiden mit trauriger Miene:
„Eigentlich wollten wir dir ja einen Blumenstrauß kaufen. Er war wunderschön, aber leider zu teuer.
Da war ein Band herumgeschlungen, auf dem stand: ‚Ruhe in Frieden'; wir haben uns gedacht, das wäre das richtige für dich, schließlich sehnst du dich doch so sehr nach Ruhe!"

b. Schiefer Haussegen

Ein Vater kam von seiner Arbeit kurz vor dem Abendessen nach Hause. Draußen auf dem Gehsteig vor dem Haus wartete schon seine fünfjährige Tochter auf ihn.
Sie sah traurig drein.
„Stimmt etwas nicht, mein Kleines?" „Erraten", erwiderte sie, „ich habe den ganzen Tag Zoff mit deiner Frau gehabt."

c. Die Absicht zählt

Ein fünfjähriger Junge verspricht seiner Mutter: „Wenn ich groß bin, dann kaufe ich dir ein elektrisches Bügeleisen, einen elektrischen Herd, einen elektrischen Toaster und einen elektrischen Stuhl!"

d. Aus dem Munde von Kleinkindern

Kleinkinder haben ja immer wieder die verrücktesten Einfälle. Nachstehend einige solcher Ideen, die sie ihren Müttern zum Muttertag schrieben:
Angie: „Liebe Mutter. Ich werde Dir zum Muttertag ein Essen zubereiten. Es wird eine Überraschung! PS: Ich hoffe, du magst Pizza und Popcorn!“
Robert: „Diesmal habe ich zum Muttertag eine Schildkröte für dich. Ich hoffe, du freust dich mehr über sie als über die Schlange, die ich dir letztes Jahr geschenkt habe“.
Eileen: „Liebe Mutter!
Ich wünschte, der Muttertag fiele nicht jedes Jahr auf einen Sonntag. Montag wäre mir wesentlich lieber; da bräuchten wir dann nicht zur Schule zu gehen!“ Diana: „Ich hoffe, Dir gefallen die Blumen, die ich Dir zum Muttertag geschenkt habe. Ich habe sie selbst gepflückt, als Herr Schmied nicht hergesehen hat“. Carol: „Liebe Mutter! Hier sind zwei Aspirin – alles Gute zum Muttertag!“

e. Unterricht im Bruchrechnen

Eine Lehrerin versuchte, ihrer Klasse das Bruchrechnen beizubringen. Nach der Unterrichtsstunde prüfte sie einen Jungen, der einer großen Familie entstammte: „Johannes, ihr seid zu Hause zu sechst. Angenommen, deine Mutter macht einen Kuchen und gibt dir ein Stück. Wie viel vom Kuchen wird das wohl sein, was du bekommst?“
Johannes dachte einen Moment nach und antwortete: „Ein Fünftel“.
„Johannes, denk noch einmal nach!“, gab sie zurück. „Ihr seid doch zu sechst zu Hause. Wie viel macht da ein Kuchenstück aus?“
„Ein Fünftel“, erwiderte der Junge noch einmal.

„Leider falsch“, antwortete die Lehrerin. „Ich fürchte, du hast das Bruchrechnen nicht verstanden“.
„Ich fürchte, Sie verstehen meine Mutter nicht“, gab der Junge höflich zurück. „Sie sagt nämlich stets: „Ich mag keinen Kuchen“.

f. Die Klugheit eines Vierjährigen

Wenn deine Mutter auf deinen Vater zornig ist, lass sie ja dein Haar nicht kämmen. Du kannst Kampfhunden deine Wurst nicht anvertrauen.

g. Großmutter im Flugzeug

Zwei geschlagene Stunden lang erzählte die Frau ihrem Flugnachbarn von ihren Enkeln. Gerade hatte sie ein ausklappbares Fotoalbum fertig gestellt, das die Fotos all ihrer neun Enkel enthielt. Sie hatte bemerkt, wie sehr sie ihren Sitznachbarn in Anspruch genommen hatte: „Oh, ich habe da jetzt zwei Stunden lang auf Sie eingeredet“, sagte sie. „Das tut mir wirklich leid. Jetzt müssen Sie etwas sagen. Sagen Sie mir: Was halten Sie von meinen Enkeln?“

h. Das Baby im Mutterleib

Wochenlang erzählte ein sechsjähriger Junge seiner Volksschullehrerin immer wieder von seinem Bruder oder seiner Schwester, den oder die er bald bekommen würde. Einmal ließ seine Mutter ihn die Bewegungen des Ungeborenen fühlen.
Der Junge war sichtlich beeindruckt, sagte aber nichts. Von diesem Moment an erzählte er auch in der Schule

kein Wort mehr über das bevorstehende Ereignis.
Die Lehrerin nahm kurz darauf den Sechsjährigen auf ihren Schoß und fragte ihn: „Tommy, was ist mit dem Baby, von dem du uns jetzt schon so lange erzählst?"
Da brach Tommy in Tränen aus: „Ich glaube, meine Mutter hat es aufgegessen!"

i. Das Credo einer Mutter

Ich glaube an Jesus Christus, den Sohn des lebendigen Gottes, der wie verheißen von einer Jungfrau mit Namen Maria geboren wurde.
Ich glaube an die Liebe, die Maria ihrem Sohn entgegenbrachte und die sie dazu bewegte, Ihn in Seinem Wirken bis zu Seinem Tod am Kreuz beizustehen.
Ich glaube an die Liebe aller Mütter und an deren Bedeutung für ihre Kinder. Ihre Liebe ist stärker als Stahl, weicher als Daunen und belastbarer als ein grünes Bäumchen auf einem Hügel.
Sie heilt Wunden, tröstet über Enttäuschungen hinweg und befähigt selbst das schwächste Kind, sich aufrecht und stark gegen alle Widrigkeiten des Lebens zu stellen.
Ich glaube, dass diese Liebe allerdings bestenfalls nur ein Schatten der Liebe Gottes ist – ein schwacher Abglanz all dessen, was wir von Ihm für dieses und für das nächste Leben erwarten.
Ich glaube auch, dass es einer der schönsten Anblicke auf Erden ist, wenn eine Mutter diese größere Liebe auf ihr Kind überträgt und damit die Welt mit der Zärtlichkeit ihrer Berührung und mit den Tränen ihrer Freude segnet.

Ich danke Gott für alle Mütter, und den Müttern, dass sie uns helfen, Gott zu verstehen!

j. Tages- Segen einer Mutter

Liebender Gott! Wir bitten dich, an diesem schönen Muttertag alle Mütter zu segnen. Segne sie mit Wärme, damit sie diese Wärme mit ihren Familien
teilen können. Erfülle sie mit Freundlichkeit und Erbarmen, damit auch wir durch sie Freundlichkeit und Erbarmen erfahren. Erfülle sie mit Kraft, damit wir, wenn wir uns Elend fühlen, durch ihre Kraft ermutigt werden. Hilf uns Söhnen und Töchtern, diese Mütter stets zu lieben, sie zu achten und zu ehren. Möge der Segen des Allmächtigen Gottes, des Vaters, des Sohnes und des Heiligen Geistes alle unsere Mütter auf immer segnen. Amen.
Pater Driscoll

k. Der Ursprung von Muttertag

Die Erste, die vorschlug, zu Ehren der Mütter einen eigenen Feiertag einzurichten, war Anna M. Jarvis (1864-1948). Sie hatte ihre Mutter sehr geliebt. Am 10. Mai 1908 gab sie anlässlich des Begräbnisgottesdienstes jedem Anwesenden eine Nelke (das war die Lieblingsblume ihrer Mutter).
Der Gedanke, die Mütter jährlich an einem ganz bestimmten Tag besonders zu ehren, gewann in den darauffolgenden Jahren an Beliebtheit, und bald schon feierte man diesen Tag in vielen Großstädten der Vereinigten Staaten. Am 9. Mai 1914 verabschiedete Präsident Woodrow Wilson im Kongress ein Gesetz, demzufolge der zweite Sonntag im Mai als „Muttertag“ zu feiern sei.
Dieser Tag sei dem „öffentlichen Ausdruck unserer Liebe und Achtung gegenüber unseren Müttern und unserem Land“ gewidmet, sagte er. Seitdem ist es Brauch, zu Ehren der von uns gegangenen Mütter weiße Nelken und

zu Ehren der Lebenden rote Nelken zu tragen, und dieser Brauch hat sich bis zum heutigen Tag gehalten.

l. Eine Messe zum Muttertag

Wir feiern diese Messe zum Muttertag für alle Mütter unserer Gemeinde, ob sie noch leben oder schon ihrer ewigen Belohnung zugeeilt sind.
Ein schönes spanisches Sprichwort sagt: „Ein winziges paar Gramm Mutter ist besser als ein Pfund Geistlichkeit“. Der Ausdruck „Mama“ ist gleichbedeutend mit aufopfernder Liebe in ihrer reinsten Form, wie sie Jesus zu seinem Abschied zum Ausdruck brachte, als er sagte: „Liebt ein¬ander, wie auch ich euch geliebt habe“. Wir wollen an diesem Muttertag bereitwillig zugeben, dass wir die Liebe unserer Mütter nie zurückzahlen können. Lasst uns mit unserer Liebe daher nicht geizen und danken, indem wir inbrünstig für unsere Mütter zu Gott beten.
Als Giuseppe Sarto – der spätere Papst Pius X. – zum Bischof geweiht wurde, erlebte er einen starken Moment lang, was Eitelkeit bedeutet. Er reckte seine Hände seiner liebenden Mutter entgegen und sagte: „Sieh, Mutter, sieh meinen Bischofsring“. Seine Mutter, eine starke, italienische Bäuerin, streckte ihm ihre faltige, alte Hand entgegen, die einen abgetragenen Ehering trug, und erwiderte: „Gäbe es diesen Ring nicht, so hättest du auch deinen Ring nicht“. Wer könnte eine Mutter ersetzen?
Wir wollen uns am Muttertag die Wahrheit eingestehen, dass wir zwei Mütter haben: unsere irdische Mutter und unsere himmlische Mutter, die Mutter Jesu. Die Katholische Kirche verkündet die hochadelige Mutter Jesu, die hochheilige Maria.

Sie stellt das hohe Beispiel einer Mutter dar. In bescheidenen Verhältnissen geboren, wurde sie von Gott dazu auserwählt, Mutter des Sohnes Gottes zu werden. Sie bekräftigte ihren Gehorsam gegenüber dieser Berufung und wurde dieser Bestimmung auch zeitlebens gerecht. Maria, die Mutter Jesu, unsere Gottesmutter, ist das wahre Beispiel aller Mutterschaft.
Papst Johannes Paul II. hat einmal gesagt:
„Wir sind durchaus zu sagen berechtigt: Die Frau, die auf Maria blickt, findet in ihr das Geheimnis, die eigene Weiblichkeit in Würde zu leben und so das Leben zu bereichern.
Durch Maria sieht auch die Kirche im Angesicht der Frau jene Schönheit, die die erhabensten Regungen des menschlichen Herzens widerspiegelt: die aufopfernde Liebe in ihrer Ganzheit, die Kraft, die in der Lage ist, selbst das größte Leid zu ertragen; den rückhaltlosen Glauben und die unermüdliche Hingabe an ihre Aufgabe; die Fähigkeit, eindringliches Einfühlungsvermögen mit Worten der Unterstützung und Ermutigung zu verbinden."
Der Mai ist der traditionelle Marienmonat. Durch Maria findet die Aufgabe der Mutter ihre Ehre und ihre Heiligung. Lasst uns daher an diesem Muttertag gemeinsam in das Lied des Festes der Darbringung einstimmen: „Sanftmütige Frau, friedvolle Taube, lehre uns Weisheit, lehre uns die Liebe!"

m. Mütter und mütterliche Frauen in der Bibel

Die Bibel gesteht der Frau selbstverständlich eine einflussreiche Position zu – sie sieht in der Frau eine Person, die die Welt mithin zu einem besseren Ort gemacht hat.

Denken wir an Miriam, die das Volk im Lobpreis Gottes anführte, nachdem Israel das Rote Meer durchschritten hatte (2. Mose 15,21). Denken wir an Ruth, die Gott an die erste Stelle setzte und eine Vorfahrin des Königs David wurde (Ruth 1,16; 4,17).

Dann ist da Deborah, die Richterin Israels (Richter 5). Und auch Hannah, die das Kind, das sie erbeten hatte, dem Herrn zurückgab (1. Sam. 1,28). Denken wir an Esther, die ihr Leben für ihr Volk riskierte, als sie sich beim König für es einsetzte (Esther 4,1-17).

Da war die Witwe, deren Gehorsam den Propheten Elia am Leben erhielt (1. Könige 17,9-16) oder das kleine, gefangene Mädchen, das Naemans Frau vom Mann Gottes erzählte, der Naeman von seinem Aussatz heilen konnte (2. Könige 5,2-4).

Die wichtigste Mutter im Neuen Testament ist freilich Maria, die Mutter Jesu. Er gab sie uns vom Kreuz herab zur Mutter. Dann ist da die Frau, die Jesus mit dem teuren Salböl salbte (Markus 14,3); die arme Witwe, die die zwei Scherflein spendete und die damit das Lob Jesu gewann (Markus 12,43); Martha, die diente, und Maria, die zu Jesu Füßen saß (Lukas 10,38-42); Maria Magdalena, die Jesus mit kostbarer Narde salbte und den auferstandenen Herrn als Erste begrüßte und auch den ersten Auftrag erhielt („Geh hin und berichte…“; Johannes 20,17-18; Markus 16,9).

Nach der Auferstehung Christi findet sich Lydia unter den ersten Be¬kehrten in Mazedonien (Apg. 16,14); wir finden Dorkas voll guter Werke (Apg. 9,36); Phöbe und Priscilla, Dienerinnen der Gemeinde (Römer 16,1-4); Lois und Eunike, die starken Glauben bewiesen (2. Timotheus 1,5); Persis, „die Geliebte“; schließlich Tryphena und Tryphosa, die für den Herrn arbeiteten (Römer 16,12).

n. Die ideale Frau und Mutter

In Sprüche 31,10-31 finden wir folgende Beschreibung einer gottes¬fürchtigen Frau und Mutter: Fürsorglichkeit (V. 11-12; 23). Sie genießt das Vertrauen ihres Mannes, sucht sein Wohlergehen und verbessert seinen Ruf.

o. Die Höhen und Tiefen des Lebens

Sie ist fleißig (V. 13-17; 18-19; 22; 24). Als Frau, die ihren Blick fest 2) auf Gott gerichtet hält, arbeitet sie gerne, verhält sich klug im Geschäft und plant sorgfältig. Sie dient ihrer Familie mit ihren Fähigkeiten, weil sie geistlich wach und körperlich fit bleibt (V. 18; 25).
Pflichtbewusst dient sie den Bedürftigen und Armen (V. 20). Sie hat 3) einen Blick für den Dienst nicht nur an ihrer Familie, sondern auch an der Gesellschaft.
Sie ist eine verlässliche Mutter (V. 15; 21; 27). Die Bedürfnisse ihrer 4) Familie liegen ihr am Herzen. Sie ist gepflegt, organisiert und züchtig und bietet ihren Kindern damit ein gutes Vorbild.
Sie wählt ihre Worte mit Bedacht (V. 18; 26). Sie ist eine Frau, die sich 5) der Weisheit
Gottes erfreuen darf. Paulus mahnt die Ehemänner, ihre Frauen zu lieben, wie Christus die
Gemeinde geliebt hat (Epheser 6,25). Die Ehemänner haben die feierliche Aufgabe, in
dieser Liebe zu ihren Frauen und Kindern ganz aufzugehen. Jeder Tag bietet dem Ehemann
zahlreiche Gelegenheiten, seine Liebe zu leben und seiner Familie in aller Geduld und
Freundlichkeit zu dienen. Das Wichtigste, was ein Vater seinen Kindern tun kann,
ist seine Frau zu lieben.

p. Hervorragende Männer über Mütter

George Washington hat einmal gesagt: „Meine Mutter war die schönste Frau, die ich je gesehen habe. Ich schulde ihr alles, was ich bin. All meinen Erfolg schreibe ich dem Unterricht an Sittlichkeit, Verstand und körperlicher Bildung zu, den sie mir hat zuteilwerden lassen.“ Abraham Lincoln sagte ganz ähnlich: „Alles, was ich bin oder je zu sein hoffe, schulde ich meiner engelsgleichen Mutter.“
Theodore Roosevelt gibt den Müttern folgenden Rat: „Das Schicksal der nachfolgenden Generationen ist der Obhut un¬serer Mütter anvertraut. Ihr Mütter müsst daher nicht nur liebevoll und zärtlich sein, sondern auch klug und stark. Erzieht eure Söhne und Töchter in den milderen und sanfteren Tugenden, vergesst dabei aber nicht, sie auch Festigkeit und Standhaftigkeit zu lehren, wie sie das Leben einst von ihnen fordern wird. Bringt ihnen bei, kein Leben zu erhoffen, das darin besteht, Schwierigkeiten auszuweichen, sondern sie zu überwinden. Lehrt sie, dass die Arbeit für sich selbst und auch für andere kein Fluch, sondern ein Segen ist; strebt danach, sie glücklich zu machen, so dass sie sich ihres Lebens freuen, strebt aber ebenso danach, ihnen beizubringen, im Leben unentwegt nach vorne zu blicken und mit Arbeit und trotz Missgeschicken zum Erfolg zu gelangen-und ihre Pflicht gegenüber Gott und den Menschen zu erfüllen. Erzieht ihr eure Söhne und Töchter auf diese Art und Weise, so seid ihr bestimmt unter den Frauen dreifach glückselig zu preisen.“
Thomas Edison hat einmal gesagt: „Ich habe meine Mutter nicht sehr lange gehabt, aber sie hat einen Einfluss auf mich ausgeübt, der mein ganzes Leben angedauert hat. Die guten Auswirkungen ihrer frühen Erziehung werde ich nicht mehr los. Hätte sie mir kein solch großes Ver-

ständnis entgegengebracht; hätte sie im kritischen Moment nicht an mich geglaubt – ich wäre wohl nie Erfinder geworden. Ich war stets ein leichtsinniger Junge; hätte ich eine charakterlich andere Mutter gehabt – ich hätte sehr leicht missraten können. Ihre Standhaftigkeit jedoch, ihre Freundlichkeit und Güte erwiesen sich als starke Kräfte, mich auf den richtigen Weg zu leiten. Meine Mutter hat mich zu dem gemacht, was ich heute bin. Ihr Andenken wird mir stets zum Segen sein."

q. Wunderbare Benediktinermönche!

Zwei Benediktinermönche waren in ein Gespräch vertieft. Sagt der erste: „Hm, ich fürchte, ich muss das den Jesuiten überlassen. Sie sind nicht nur große Erzieher, sondern auch äußerst beredt, und dazu ausgezeichnete Theologen. Die Dominikaner wiederum sind von überragendem Verstand." Der zweite Mönch nickte: „Ganz recht; aber wenn es um die Menschlichkeit geht, sind freilich wir Benediktiner obenauf".

r. Himmelsbuffet

Ein fünfundachtzigjähriges Ehepaar kam bei einem Verkehrsunfall ums Leben. Sie hatten sich in den letzten zehn Jahren guter Gesundheit erfreut, was hauptsächlich auf die gesunde Ernährung und ausreichende Bewegung zurückzuführen war. Als sie am Perlentor ankamen und Petrus sie in ihre Villa begleitete, nahm er sie mit einer luxuriös eingerichteten Küche und einem herrlichen Bad mit Whirlpool in Empfang. Nach einigen „Oh"
Die Höhen und Tiefen des Lebens und „Ah"-Rufen fragte der Mann Petrus, was das alles kosten werde?

„Das ist gratis für euch“, antwortete Petrus. „Das ist schließlich der Himmel“.
Als nächstes besichtigten die drei das Klubhaus. Ein aufwändiges Büffet war für sie hergerichtet worden.
„Was wird das alles kosten?“, fragte der Alte wieder.
„Verstehst du denn nicht?“, fragte Petrus zurück, „Das ist der Himmel. Das kostet gar nichts!“
„Hm, und wo sind die ganzen cholesterinarmen und gesunden Sachen?“, fragte der Alte schüchtern.
„Das ist das Beste daran“, antwortete Petrus, „ihr könnt da essen, so viel ihr wollt – ihr werdet weder dick noch krank. Das ist der Himmel!“
Der Alte blickte seine Frau an: „Du und deine Haferkleie!“, warf er ihr vorwurfsvoll entgegen, „Ich hätte schon vor zehn Jahren hier sein können!“

s. Gesundheit ist Wohlstand

Ein Mann wurde vor Gericht gestellt, weil er es verabsäumt hatte, seine Umgebung sauber zu halten. „Weshalb haben Sie nicht sauber gemacht?“, fragte der Richter. „Sie sind wiederholt verwarnt worden. Dass Gesundheit Wohlstand bedeutet, werden Sie ja wohl schon gehört haben, oder nicht?“
„Ich weiß, euer Ehren“, erwiderte der Angeklagte. „Genau deshalb habe ich ja nicht sauber gemacht. Ich will keinen Reichtum – das widerspricht meinem Glauben.“

t. Treue Gemeindemitglieder

Der Pastor einer Pfingstkirche in Lagos, Nigeria, predigte seiner Gemeinde die aufrichtige Liebe zum Himmelreich. Während des Gottesdienstes stürmte eine bis an die Zähne bewaffnete Söldnertruppe in die Kirche. Der Kommandant der Truppe verkündete den über 2000 Menschen: „Wer von euch für Christus, euren Erlöser, sein Leben lassen will, soll sitzen bleiben – oder aufstehen und sich von Ihm lossagen!“ Dann befahl er seinen Soldaten, zu feuern.

Die Schüsse verursachten Panik unter den Anwesenden; man ergriff die Flucht. Schließlich blieben der Pastor und zwanzig treue Gläubige im Raum zurück. Da befahl der Kommandant der Truppe dem Pastor, er
möge den Gottesdienst bitte zu Ende führen und sich mit seinen zwanzig verbliebenen Gemeindemitgliedern, die Christus so standhaft nachfolgen, auf das Reich Gottes vorbereiten – die Heuchler unter ihnen seien ja schon draußen.

u. Zu Befehl!

Papst Johannes XXIII. (Angelo Giuseppe Roncalli) diente im Ersten Weltkrieg als Unteroffizier in einer Audienz für italienische Bischöfe.

Bei einer italienischen Bischofskonferenz erblickte Papst Johannes Bischof Arrigo Pintonello; er war General der italienischen Armee.

Als sich Bischof Pintonello anschickte, vor dem Papst zu knien und seinen Ring zu küssen, schritt ihm der Papst entgegen, lächelte und salutierte: „Herr General, Feldwebel Roncalli meldet sich zu Befehl!“

v. Bibelschnäppchen

Um Kunden anzulocken, stellte ein Buchladen, der mit religiösen Büchern handelte, ein Kärtchen mit folgender Aufschrift ins Schaufenster:

Heilige Schrift, göttliches Wort Nur ein Dollar neunundvierzig!
Satan zittert, wenn er sieht, dass Bibeln dermaßen günstig verkauft werden.

w. Feindseligkeit im Tierreich

Der Tiger tötet nur, wenn er hungrig ist. Der Löwe tötet, wenn er sich gestört fühlt. Der Elefant bleibt harmlos, solange man kein Narr ist und sich zwischen hn und seine Kühe stellt.
Das Krokodil verschont dich, wenn es völlig satt ist.
Der Leopard dagegen tötet aus reinem Vergnügen. Es gibt nur noch eine einzige Kreatur, die ebenso handelt - der Mensch.

x. Einige Fragen an Gott

Am Tag, nachdem Adam von der verbotenen Frucht gegessen hatte, saß er außerhalb des Gartens auf einem Stein und dachte über Mann und Frau nach.
Dann blickte er zum Himmel und sagte:
„Gott, darf ich dir ein paar Fragen stellen?"
Die Höhen und Tiefen des Lebens Gott antwortete:
„Nur zu!"
Adam begann: „Wieso hast du Eva eigentlich einen so kurvenreichen und anschmiegsamen Körper verliehen?"
„Damit du sie lieben kannst, Adam", war die prompte Antwort.
„Und weshalb hast du ihr so langes, glänzendes und wunderschönes Haar verliehen?"
„Damit du sie lieben kannst, Adam", hieß es erneut.
„Und warum hast du sie dann so dumm gemacht?"

„Das habe ich getan, damit auch sie dich lieben kann, Adam!“

y. Die Liebe steht nicht zum Verkauf!

Ein Pastor belehrte seine Sonntagsschulklasse über jene Dinge, die man nicht kaufen kann. „Lachen kann man nicht kaufen, und Liebe auch nicht!“, sagte er.
Um seine Argumente zu bekräftigen, fügte er hinzu:
„Was wäre, wenn ich euch eintausend Dollar dafür böte, wenn ihr dafür aufhört, Mama und Papa zu lieben?“.
Fassungsloses Schweigen stellte sich ein.
Schließlich piepste eine kleine Stimme:
„Was würden Sie geben, wenn man seine große Schwester nicht mehr liebt?“

Gruppe 7: Feiern und Witze

a. Mit väterlicher Zustimmung

Vater und Sohn sprachen einmal miteinander. „Papa“, sagte der Sohn: „Ich hab da eine interessante Idee.“
„Raus damit!“, befahl der Vater.
„Du musst mir zuerst versprechen, dass du nicht böse auf mich sein wirst!“
„Ok!“, sagte der Vater.
„Ich möchte heiraten!“
Der Vater unterdrückte ein Lachen: „Oho! Du willst heiraten? Das ist ja großartig! Wer ist denn das glückliche Mädchen?“
„Oh“, antwortete der Junge, „Es ist kein Mädchen. Es ist

deine Mutter, Papa!“
„Meine Mutter?“, fragte der Vater ein wenig perplex.
„Ja, Papa“, antwortete der Junge, „schließlich hast du ja auch meine Mutter geheiratet!“

b. Postmortaler Transport

Ein Laie bat seinen Pfarrer, er möge ihm doch erklären, wie die Verstorbenen nach ihrem Tode ihrer Bestimmung entgegengingen?
„Naja“, erklärte der Pfarrer, „die, die in den Himmel kommen, fahren mit dem Auto. Ins Fegefeuer geht es mit dem Fahrrad und in die Hölle zu Fuß.“
Bald darauf starben der Pfarrer und der Laie. Der Laie fuhr mit dem Auto zum Himmel.
Unterwegs traf er auf den Pfarrer, der auf einem Fahrrad saß. „Herr Pfarrer“, fragte er ihn, „sind Sie entsetzt, mich im Auto und sich selbst auf dem Fahrrad zu sehen?“
„Überhaupt nicht“, lachte der Pfarrer. „Ich bin froh, dass ich noch mit dem Fahrrad fahren kann. Gerade habe ich einen Bischof zu Fuß gehen sehen!“

c. Wer kassiert die Miete?

Ein Bischof sprach einmal mit einem Priesterkandidaten. Der junge Mann hatte Psychologie studiert.
Der Bischof fragte ihn: „Kannst du mir den Unterschied zwischen einem Psychotiker, einem Neurotiker und einem Psychiater erklären?“
„Selbstverständlich, Hochwürden!“, gab der junge Mann zurück. „Der Psychotiker baut Luftschlösser, der Neurotiker lebt darin – und der Psychiater kassiert die Miete!“

d. Palmsonntag

Es war Palmsonntag, und der kleine Johannes konnte nicht zur Kirche gehen. So blieb er mit seiner Mutter zu Hause. Als sein Vater von der Kirche zurückkehrte, hatte er einen Palmzweig dabei.
Der Junge fragte neugierig: „Was machst du mit diesem Zweig, Papa?“
„Mein Junge“, antwortete der Vater, „als Jesus in die Stadt kam, haben ihm die Menschen Ihm mit Palmzweigen zugewinkt, um Ihn zu ehren. Daher haben wir heute die Palmzweige“.
„Was für ein Pech aber auch!“, sagte der Junge, „da gehe ich einen Sonntag nicht in die Kirche, und Jesus taucht auf!“

e. Lebe, was du predigst!

Ein Mann wartet vor einer Ampel. Sie wird grün, aber der Mann bemerkt es nicht. Die Frau hinter ihm im Auto schreit, er solle sich endlich bewegen. Der Mann rührt sich kein Stück. Fuchsteufelswild, tobend und schimpfend schlägt die Frau ihre Hände auf ihr Lenkrad.
Die Ampel springt auf Gelb. Da wird es der Frau zu bunt. Sie hupt und verflucht den Mann.
Schließlich blickt der Mann auf, bemerkt das gelbe Licht und gibt Gas. Gerade noch kommt er weg, bevor die Ampel auf Rot stellt.
Die Frau schimpft immer noch, da hört sie, wie es an der Scheibe ihres Wagens klopft. Sie dreht den Kopf herum und blickt direkt in die Pistolenmündung eines ernst dreinblickenden Polizisten.
Er weist die Frau an, mit dem Wagen zur Seite zu fahren, den Motor abzustellen, auszusteigen und sich mit beiden

Händen auf dem Autodach neben den Wagen zu stellen. Der Frau werden schnell Handschellen angelegt und sie wird ins Polizeifahrzeug gestoßen. Die Frau ist völlig fassungslos und schweigt. An der Polizeistation angekommen, nimmt man ihre Fingerabdrücke und fotografiert sie. Sie wird durchsucht und gleich anschließend in eine Zelle gesperrt.

Nach ein paar Stunden kommt ein Polizist und öffnet.

Er händigt ihr ihre Sachen aus und entschuldigt sich: „Der Fehler tut mir leid. Ich stand an der Kreuzung hinter Ihnen; ich habe Ihr Gehupe und Ihr Gefluche nicht überhören können.

Dann habe ich den Sticker „Entscheide dich für Christus!“ auf Ihrer Nummerntafel gesehen, der neben dem Sticker „Geh mit mir zur Sonntagsschule!“ klebt.

Übrigens haben Sie Palmblätter hinter ihrer Heckscheibe. Aus all dem habe ich geschlossen, dass Sie das Auto gestohlen haben müssen. Denn ein so liebenswürdiger Christ, der solche Abzeichen zur Schau stellt, würde sich nie so benehmen wie Sie?“

f. Jesus sieht zu!

Eine Nonne hatte in einer katholischen Schule eines Tages eine große Schale mit leuchtend roten, frischen und knackigen Äpfeln auf den Tisch der Cafeteria gestellt. Neben der Schale lag eine Notiz: „Bitte nur einen nehmen. Denk daran: Jesus sieht zu!“

Am anderen Tischende stand eine Schale mit Schokoladekeksen, die noch dampften, so frisch waren sie. Auch neben dieser Schale fand sich eine Notiz, ganz offensichtlich mit Kinderhand auf einen Zettel gekritzelt: „Nimm so viel du willst; Jesus beobachtet die Äpfel!“

g. Angst vor Schlangen

Ein Betrunkener torkelte die Gasse entlang. Er trug eine durchlöcherte Schachtel bei sich. Als ein Freund des Weges kam, fragte ihn dieser: „Na, was hast du denn in deiner Schachtel, Kumpel?“
„Einen Mungo“, antwortete der Mann.
„Einen Mungo? Wozu das?“, wollte der Freund wissen.
„Na du weißt doch, wie sehr ich mich manchmal betrinke. Ich sehe dann Schlangen, und vor Schlangen fürchte ich mich zu Tode.
Darum habe ich den Mungo dabei, zum Schutz!“
„Du Idiot!“ rief der Freund. „Das sind doch nur eingebildete Schlangen!“
„Das macht gar nichts“, gab der Betrunkene zurück und zeigte seinem Freund die leere Schachtel. „Der Mungo auch!“

h. Gute und schlechte Nachrichten

Ein alter Mann suchte seinen Arzt auf. Nach einer gründlichen Untersuchung eröffnete ihm der Arzt: „Ich habe eine gute und eine schlechte
Nachricht für Sie. Welche wollen Sie zuerst hören?“
„Zuerst die schlechte bitte“, antwortete der Mann.
„Sie haben Krebs. Ihnen bleiben noch höchstens zwei Jahre!“
„O nein!“, rief der Mann aus. „Das ist furchtbar! In zwei Jahren ist es mit mir vorbei!
Was kann denn das für eine Nachricht sein, die jetzt noch ‚gut‘ zu nennen ist?“
„Sie haben noch dazu Alzheimer“, antwortete ihm der Arzt. „In etwa drei Monaten werden sie völlig vergessen haben, was ich Ihnen gerade erzählt habe.“

i. Pfarrerwitz

Nach der Sonntagsmesse sagte ein Junge zum Pfarrer: „Wenn ich groß bin, werde ich Ihnen Geld geben".
„Vielen Dank auch, mein Junge", antwortete der Pfarrer. „Und weshalb?"
„Weil mein Papa gesagt hast, Sie seien einer der ärmsten Prediger, die wir je gehabt haben."

j. Die neue Pfarrzeitung

Zur Morgenmesse erklärte der Pfarrer seiner Versammlung, der Bischof habe ihm soeben einem anderen Gemeindebezirk zugewiesen.
Nach der Messe kam eine Frau auf ihn zu und drückte ihm ihre Bestürzung über seinen Weggang aus. „Ich bin sicher, der Bischof sendet Ihnen jemanden, der besser ist als ich", versuchte sie der Pfarrer zu trösten.
„Nein", antwortete die Frau, „das wird nicht passieren und das kann auch gar nicht sein."
„Weshalb denn nicht?", wollte der Pfarrer wissen, der allzu gerne ein Kompliment aus ihrem Munde hören wollte.
„Ich habe in dieser Gemeinde nun fünf Pfarrer erlebt, und jeder neue war schlechter als alle bisherigen."

k. Abschied eines Pfarrers

Ein Interimspfarrer hatte einige
Monate in einem Gemeindebezirk gedient. Anlässlich seines letzten Gottesdienstes reichte man einen Hut herum, um eine wohlwollende Spende einzusammeln.
Als der Hut zum Pfarrer gelangte, war er aber leer.
Der Pfarrer zuckte mit keiner Miene.
Er hob den Hut zum Himmel und sagte: „Ich danke dir,

Herr, dass mir diese Versammlung meinen Hut zurückgegeben hat!“

l. Genauso wie der Weihnachtsmann

Zwei Jungen gingen von der Kirche nach Hause und sprachen über das, was sie am Sonntagmorgen über die Versuchung Christi in der Wüste gelernt hatten.
„Glaubst du das Zeug mit dem Teufel?
Glaubst du denn überhaupt, dass es einen Teufel gibt?“, wollte der eine wissen. Der andere darauf:
„Ach Unsinn, es ist wie mit dem Weihnachtsmann – es ist dein Vater!“

m. Die unglücklichen Mieter

Die Frau hörte, wie es an ihrer Wohnungstür klopfte.
Sie machte auf; da stand ein Mann vor ihr. Seine Gesichtszüge hatten etwas Trauriges.
„Tut mir leid, Sie zu stören“, sagte er, „aber ich sammle Geld für eine unglückliche Familie in der Nachbarschaft. Der Mann ist arbeitslos, die Kinder sind hungrig und die Familie steht vor der Pfändung ihrer Sachen.
Schlimmer noch: Man wird sie auf die Straße setzen, wenn sie bis heute Nachmittag ihre Miete nicht bezahlen.“
„Oh, da helfe ich gerne“, antwortete die Frau.
„Und wer sind Sie?“
„Ich bin der Vermieter!“

Gruppe 8: Reise der Hoffnung

a. Reise zum See Genezareth

Ein Bischof besuchte anlässlich seiner Reise ins Heilige Land auch den See Genezareth. Er wollte eine Seerundfahrt wagen.
„Wie viel würde das kosten?“, fragte er den Kapitän.
„Fünfzig Dollar!“, antwortete ihm der Kapitän.
„Fünfzig Dollar?!“, rief der Bischof, „kein Wunder bei diesen Preisen, dass Jesus zu Fuß übers Wasser ging!“

b. Pilgerreise nach Jerusalem

Georg reiste mit seiner Familie im Urlaub in den Mittleren Osten. Auch seine aufdringliche Schwiegermutter hatte er mitgenommen. Gerade als die Familie Jerusalem besuchte, starb die Schwiegermutter unglücklicherweise. Mit dem Totenschein in der Hand ging Georg aufs amerikanische Konsulat, um Vorkehrungen zur Überstellung der Toten in die Vereinigten Staaten zu treffen und ihr ein angemessenes Begräbnis zu ermöglichen.
Der Konsul eröffnete Georg, die Überstellung seiner Schwiegermutter würde ihn etwa 5000 Dollar kosten.
Er fügte hinzu, dass die meisten Leute, die für die sterblichen Überreste des Verblichenen verantwortlich zeichneten, sich meist entschließen würden, den Leichnam vor Ort zu begraben. Das würde nur 150 Dollar kosten.
Georg überlegte eine Weile und sagte dann:
„Der Preis spielt in diesem Fall keine Rolle. Ich will sie überstellen lassen.“

Der Konsul erwiderte: „Sie müssen Ihre Schwiegermutter sehr geliebt haben, wenn Sie die hohen Überstellungskosten tragen wollen.“
„Nein, das ist es nicht“, antwortete Georg. „Ich kenne einen Fall – das ist jetzt schon einige Zeit her –, da hat man jemanden in Jerusalem begraben; drei Tage später jedoch ist er von den Toten auferstanden! Ein solches Risiko will ich nicht eingehen.“

c. Beleidigung

Ein beleidigender und arroganter Mann traf auf der Straße auf einen Pfarrer. Er hielt an und begrüßte ihn.
„Entschuldigen Sie“, sagte er, „ich habe einen dermaßen vertrottelten, dummen und starrsinnigen Sohn, einen Taugenichts, dass ich ihn dazu gezwungen habe, Priester zu werden.“
Der Priester blickte dem Mann geradewegs ins Gesicht und sagte: „Gott sei Dank hat Ihr Vater nicht so gedacht wie Sie!“ Dann ging der Pfarrer seines Weges.
Pessy Yaschimoto

d. Geschäftserfolg

Ein Mann erfreute sich guter Geschäfte und ebensolcher Erfolge. Er ging täglich zur Kirche, um dem Herrn dafür zu danken. Während des Dankgottesdienstes forderte ihn der Pfarrer auf, der Versammlung zu erzählen, welche Art von Geschäften er tätige. Er ging nach vorn und rief: „Gepriesen sei der Herr!“ – und alle antworteten: „Hallelujah!“Er berichtete der Versammlung, er verkaufe Särge. Wieder rief er: „Gepriesen sei der Herr!“ Und die Versammlung antwortete überrascht und verdutzt: „Gott behüte!“

e. Leichenpredigt

Ein Bischof hielt eine Leichenpredigt über seinen besten Freund. Der Tote war in seinen letzten Tagen ein wenig verrückt gewesen, und als man den Bischof fragte, wie es ihm nach dem Hinscheiden seines besten Freundes ginge, antwortete er: „Ich fühle mich wie eine leere Nussschale!“

f. Zu viele Kirchen

Eine Frau beklagte sich einmal bei ihrer Freundin darüber, dass es in ihrer Stadt immer mehr verschiedene Kirchen gebe. „Was am meisten Schmerz daran ist:“, sagte sie, „Jeder in meiner Familie geht in eine andere Kirche. Das führt beim Gebet zum Chaos in den verschiedenen Städten und Häusern, weil jeder für sich in einem anderen Zimmer für die Bekehrung der anderen betet!“

g. Achte auf Manieren

Es waren einmal drei Brüder. Sie hießen „Ärger“, „Kümmere-dich-um-deine-eigenen-Angelegenheiten“ und „Anstand“. Eines Tages verschwand Ärger, und Kümmere-dich-um-deine-eigenen-Angelegenheiten und Anstand suchten ihn. Sie gingen zur Polizei. Während Anstand draußen wartete, nahm Kümmere-dich-um-deine-eigenen-Angelegenheiten mit dem Polizeibeamten ein Protokoll auf.

h. Reise der Hoffnung

„Was kann ich für Sie tun?“, fragte der Beamte.
„Ich suche Ärger“, antwortete Kümmere-dich-um-deine-eigenen-Angelegenheiten.

Der Beamte schaute verwundert drein. „Wie heißen Sie?“ Kümmere-dich-um-deine-eigenen-Angelegenheiten“.
„Was? Haben Sie denn überhaupt keinen Anstand?“
„Nein, den hab ich draußen gelassen!“

i. Zeit

Die Zeit verstreicht dem Wartenden zu langsam,
Der Furcht vergeht sie viel zu schnell;
Sie dauert zu lange der Trauer
Und ist der Freude zu kurz.
Nur der Liebe ist Zeit Ewigkeit.

j. Wie komme ich in den Himmel?

Vater Karl unterrichtete seine Sonntagsschulklasse. Er fragte: „Wenn ich mein Haus und meinen Wagen verkaufte, in meiner Garage einen Flohmarkt einrichtete und dann das ganze Geld der Kirche schenken würde – käme ich dann in den Himmel?“
„Nein!“, antworteten die Kinder gemeinsam.
„Wenn ich all meine priesterlichen Pflichten erfüllte und alle Seligpreisungen einhielte – würde mich das in den Himmel bringen?“
„Nein!“ rief es erneut unisono.
„Und wenn ich nett zu Tieren wäre, allen Kindern Bonbons schenkte, meiner Gemeinde diente und sie liebte – käme ich wohl dann in den Himmel?“
„Nein!“, riefen die Kinder wieder aus.
„Hm. Wie komme ich denn sonst in den Himmel?“, fragte Vater Karl. Da ruft der fünfjährige Johannes: „Zuerst müssen Sie einmal sterben!“

k. Das Totenhemd hat keine Tasche

Ein wohlhabender Mann beschloss, seinen Reichtum bei seinem Tod mitzunehmen. So betete und betete er, bis er den Herrn überredet hatte, das Geld hinter das Perlentor bringen zu dürfen, wenn auch nur unter folgender Bedingung: Er dürfe nur eine einzige Tasche dafür verwenden. Also packte der Mann all seine Goldbarren in einen Koffer. Eines Tages starb der Mann. Petrus grüßte ihn am Tor und sagte ihm, er dürfe herein, müsse aber seinen Koffer draußen lassen. „Ich habe da eine Vereinbarung mit Gott“, antwortete der Mann. „Ich darf meinen Koffer mit hinein nehmen.“

„Sehr ungewöhnlich“, antwortete Petrus. „Darf ich einen Blick auf den Inhalt werfen?“

Der Mann öffnete seinen Koffer, um Petrus einen Blick auf seine glänzenden Goldbarren werfen zu lassen.

Da sagte Petrus erstaunt: „Weshalb in aller Welt bringst du Pflastersteine mit in den Himmel? Wir haben doch schon den ganzen Boden mit Goldbarren und Diamanten ausgelegt!“

l. Weihnachtsgeschenk

Ein Mann kaufte seiner Frau zu Weihnachten einen wunderschönen Diamantring. Sein Freund sprach ihn darauf an: „Ich dachte, deine Frau wünschte sich einen sportlichen Allrader?“ „Das stimmt“, antwortete der Mann, „nur woher bekomme ich einen gefälschten Jeep her?“

m. Der Betrunkene

Eines Sonntagnachmittags torkelte ein Betrunkener in den Taufgottesdienst an einem Fluss.

Er ging ins Wasser und stand plötzlich neben dem Prediger. Als dieser den alten Betrunkenen sah, fragte er: „Bist du bereit, Jesus zu begegnen?"
„Ja, ich – sicher doch!", antwortete der Betrunkene.
Der Pfarrer tauchte den Kerl unter Wasser, zog ihn gleich wieder hoch und fragte ihn: „Hast du Jesus gefunden?"
„Nein, leider nicht!", war die Antwort.
Wieder drückte der Pfarrer ihn unter Wasser, wartete diesmal ein wenig länger und zog ihn wieder hoch. „Hast du jetzt Jesus gefunden, Bruder?"
„Leider immer noch nicht, euer Ehren!"
Empört tauchte der Pfarrer den Betrunkenen noch einmal unter Wasser und hielt ihn mindestens dreißig Sekunden unten.
Als er ihn wieder hochzog, sagte er ungehalten: „Wie ist es jetzt? Hast du Jesus gefunden?"
Der alte Betrunkene rieb sich die Augen: „Nein, euer Ehren, habe ich nicht. Aber sind Sie denn sicher, dass er hier hineingefallen ist?"

Gruppe 9:
Laissez-Faire und Mehr

a. Bereit für die Reise zum Himmel

Ein Evangelist forderte einmal während einer Predigt auf, es möge jeder, der in den Himmel will, die Hand heben. Alle Hände gingen in die Höhe bis auf eine Ausnahme: In der vordersten Reihe saß ein älterer Mann, der seine Hände unten ließ.
Der Evangelist zeigte mit dem Finger auf ihn und fragte ihn: „Mein Herr, wollen Sie uns damit sagen, Sie möchten nicht in den Himmel?"

„Doch, doch“, antwortete der Alte. „Aber so wie Sie gefragt haben, habe ich vermutet, Sie wollten für heute Abend einen Bus für eine Ausflugsreise zusammentrommeln.“

b. Sonntagsgottesdienst

In einer Sonntagspredigt in der Kathedrale schilderte Pater Thomas die Strafe für Sünde „Sin – Gin“. Er rief: „Wer die Sünde vorzieht, der stehe auf!“ Pa Oblige hatte getrunken und war ein wenig eingenickt.
Als er aber den Ruf vernahm, sprang er auf seine Füße. Pater Thomas sah ihn an und sagte: „Du ziehst es also vor, zu sündigen?“
„Oh, bitte um Entschuldigung“, sagte Pa Oblige: „Ich habe was vom ‚Gin‘ gehört“.

c. Wanderschatten

Ein Mann war unterwegs, als er seinen Schatten entdeckte. Er ging in einen Park; aber der Schatten folgte ihm. Als er in ein Taxi stieg und sich an sein Ziel fahren ließ, bemerkte er, dass der Schatten ihn nicht verlassen hatte. Er wandte sich an den Taxilenker und fragte:
„Fahrer, schmeißen Sie den da bitte raus – für den werde ich nicht bezahlen!“

d. Kinderrätsel-Quiz

F: Was war noch nie, ist jetzt nicht, wird aber immer bleiben?
A: Morgen

F: Welche Seen haben kein Wasser und welche Städte keine Einwohner?
A: Die Seen und Städte auf einer Landkarte
F: Ich frage nichts, berichte nur. Was bin ich?
A: Die Türklingel
F: In meinem Gesicht wirst du nie sehen, dass ich dreizehn bin. Was bin ich?
A: Eine Uhr
F: Ich bin ein hübsches Mädchen – zweiundzwanzig Männer laufen mir nach. Was bin ich?
A: Ein Fußball

e. Schulberichte

Ein kleiner Junge überbrachte seinem Vater sein Halbjahreszeugnis. Der Vater sah es sich durch. Auf dem Zeugnis stand, dass der Junge den dritten Platz der Klasse erreicht habe.
Also kaufte ihm der Vater drei Süßigkeiten. Auch am Ende des Schuljahres überbrachte der Junge seinem Vater das Zeugnis. „Mein Junge, weshalb bist du denn auf den achten Platz gefallen?“, wollte der Vater wissen. Der Junge dachte kurz nach, dann sagte er: „Ganz einfach: Als ich Dritter war, hast du mir drei Süßigkeiten geschenkt.
Da habe ich mir gedacht, wenn ich Achter bin …“

f. Verlockende Verkehrsregel

Der Pastor suchte in der großen Stadt vergeblich nach einem Parkplatz. Er kurvte und kreiste um den Block, aber es war alles umsonst. Schließlich stellte er seinen Wagen im Parkverbot ab und schrieb eine Notiz, die er hinter die

Windschutzscheibe legte: „Sehr geehrter Herr Inspektor, ich bin jetzt zehnmal (!) um den Block gefahren.
Wenn ich den Wagen nicht sofort hier abstelle, verpasse ich meinen Termin!“ Unterhalb kritzelte er hin:
„Vergib uns unsere Schuld“.
Als der Pfarrer zurückkam, fand sich ein Polizeizettelchen unter seinem Scheibenwischer: „Mein Herr, ich arbeite jetzt seit zehn (!) Jahren in diesem Block. Wenn ich Ihnen nicht sofort und hier einen Strafzettel verpasse, verliere ich meinen Job!“ Darunter stand: „Und führe uns nicht in Versuchung!“

g. Das aufmerksame Gemeindemitglied

Ein Pfarrer sagte bei der Predigt: „Jeder, der in den Himmel kommen will, stehe auf!“ Alle in der Kirche erhoben sich. Darauf sagte der Pfarrer: „Und die zur Hölle fahren wollen, bleiben stehen!“
Hinten in der Kirche blieb allein der alte Murphy stehen. Der Pfarrer sagt: „Murphy, willst du wirklich in die Hölle kommen?“ Murphy erwiderte: „Nein Hochwürden, aber ich würde es nicht gern haben, Sie alleine dorthin gehen zu lassen!“

h. Griechische Sage

In der griechischen Sage heißt es, die Götter hätten Pandora reich be¬schenkt. Sie überreichten ihr auch ein Kästchen, das sie aber niemals öffnen dürfe. Weil die Götter sie allerdings auch mit der Gabe der Neugier beschenkt hatten, hielt sie es nicht aus und öffnete schließlich das Kästchen. Heraus kam allerlei Übel: Bösartigkeiten, Krankheiten und allerlei andere Katastrophen entflohen dem Kästchen und verteilten sich überall auf Erden. Eine einzige Gabe, so heißt es jedoch, sei am Boden des Kästchens verblieben – die Hoffnung.

i. Keine Ausrede am Sonntag

Folgende Ankündigung erschien in einem Gemeindetraktat:

Um nächsten Sonntag jedermann den Besuch des Gottesdienstes zu ermöglichen, richten wir einen „Keine-Ausrede-Sonntag“ ein. Für all jene, die am Sonntag ausschlafen müssen, werden im Ein¬gangsbereich Zelte aufgestellt.

Für all jene, denen die Kirchenbank zu hart ist, richten wir einen Aufenthaltsraum mit Klubsesseln ein.

Wessen Augen noch vom zu langen Fernsehen am späten Samstagabend brennen, darf sich auf Augentropfen freuen.

Für jene, die fürchten, das Dach könne einbrechen, wenn sie einmal in die Kirche gehen, haben wir Stahlhelme vorbereitet.

Es finden sich auch Decken für all jene, denen es in der Kirche zu kalt ist; für die hitzigeren Gemüter haben wir Ventilatoren vorbereitet.

Für die Statistiker, die gerne alle Anwesenden notieren wollen, haben wir eigene Wertungslisten vorbereitet.

Wir werden auch Ansteckplaketten verteilen, die die Verwalter fern halten sollen. Wer findet, dass die Kirche ständig um Geld bettelt, kann sich eine anstecken. Wir richten auch einen Bereich mit Bäumen und Gras ein für jene, die Gott lieber in der Natur suchen. Für jene, die vorhaben, am Sonntag krank zu werden, finden sich unter den Zuhörern auch Ärzte und Krankenschwestern.

Das Heiligtum werden wir mit Weihnachtssternen und

Osterlilien ausstaffieren für all jene, die die Kirche noch nie anders gesehen haben.
Zu guter Letzt stehen Hörhilfen für die Schwerhörigen bereit, ebenso auch Ohropax für jene, denen der Pfarrer zu laut ist.

j. Priester Seminar

Eine Mutter suchte den Priester auf und eröffnete ihm, ihr Sohn zeige Interesse am priesterlichen Werdegang. Was dazu erforderlich sei, wollte sie wissen. Der Priester erklärte ihr: „Wenn dein Sohn Diakon werden will, muss er acht Jahre lang studieren. Will er ein Franziskaner werden, sind sogar zehn Jahre erforderlich; will er zu den Jesuiten, muss er vierzehn Jahre studieren." Die Mutter hörte aufmerksam zu, und als der Priester mit seinen Ausführungen zu Ende war, leuchteten ihre Augen: „Dann schreiben Sie ihn schnell für letzteres ein, Pater, denn der Schnellste ist er nicht gerade!"

k. Der „Zehnte"

Ein wohlhabender Bauer spendete der Kirche nur kärglich. Also suchte ihn der Pfarrer auf in der Hoffnung, er könne ihn dazu bewegen, etwas mehr zu geben. Er erklärte dem Bauern, Gott habe ihm fruchtbares Land gegeben und ihn mit Sonnenschein und Regen gesegnet, damit das Korn auch gut gedeih'. Er fügte hinzu: „Sie wissen, dass all ihr Besitz nur eine Leihgabe Gottes ist.
Sie sollten sich wahrlich etwas dankbarer zeigen!"
Der Bauer gab zurück: „Ich will mich ja nicht beklagen, Pater, aber Sie unter der Leitung Gottes stand!"

l. Lieblicher Duft für das Jesuskindlein

Bruder und Schwester sprachen über die Geschichte von der Geburt Jesu. Der achtjährige Junge fragte seine Schwester: „Weshalb haben die Könige Parfum mitgebracht? Das ist doch kein Geschenk für ein Baby!“
Seine neunjährige Schwester antwortete:
„Weißt du, wie es in einem Stall stinkt? Die ganzen schmutzigen Tiere! Maria brauchte doch etwas, um die Luft zu verbessern!“

m. Achte auf deine Gedanken!

Achte auf deine Gedanken, denn sie werden deine Worte;
Achte auf deine Worte, denn sie werden deine Taten;
Achte auf deine Taten, denn sie werden zu Gewohnheiten;
Achte auf deine Gewohnheiten, denn sie werden dein Charakter;
Achte auf deinen Charakter, denn er wird zu deinem Schicksal.

Zum Autor

Der Autor ist Europäischer Afrikaner Scholar und wurde zum katholischen Priester der Erzdiözese Onitsha geweiht, die in Südost – Nigeria, im Western Afrikas, liegt. Pfr. Dr. Dr. Joe-Barth Abba, wurde für eine apostolische Mission und weitere Studien, sowie für neue Forschungszielenach Europa entsandt.
Vorher erwarb er sich auf der Urbanian Universität Rom den Titel eines B.A.(phil) und eines B.A.(theol.). Überdies besitzt er einen B.A. (Jpublr.) - für Öffentlichkeitsarbeit und Journalismus, Afrika / Chicago,USA, zudem ein P.G.D.Educ, P.G.Educ, Postgraduierten Diplom Pä-

dagogik, Zertifikate in öffentlicher Verwaltung/moderne Fremdsprachen (Deutschland), und einen M.A (phil.), Research Fellowship University in Munich Germany! Pfr. DDr. Abba promovierte in Theologie und auch in Philosophie an der LMU- Universität München.
Durch die Doktorwürde der Universität München, ist Dr.theol. Dr. pol..phil. Joe-Barth Abba als Fachgelehrter, und durch einige Jahre transatlantischer Lehrtätigkeit Erfahrener und Forscher, Linguist und Autor verschiedener Bücher bekannt geworden unterdessen über:
“Friedensethik auf der Basis der Menschenrechte. Eine Orientierung in Zeiten von Migration und wachsender Intoleranz.“ Menschliche Weisheit, „Religio-Ethnik-Kulturkonfliktslösung-(Afrika Peace Conflicts-Resolution). Die Philosophie des Thomas von Aquin Relevant für Gerechtigkeit und Menschenrechte. “Social Works on „Special Youth Formation“,Christenverfolgung, „Originalities of Valentine World Lovers Day & Great Christmas Joys. Friends Celebration of World Lovers Day and Fiends of the Glorious Christmas Feast.“etc.
Der West-afrikanische Schriftsteller, schreibt Bücher, viele Artikel in national und international Journalen, Magazinen und Zeitungen und hält ebenfalls verschiedene Vorträge, bzw. Vorlesungen zu Top-Varianten Themen unterdessen, sowohl über die Kontinente der Welt, als auch über den heutigen Glauben und Probleme in Afrikanischen Kontinent, die Würde seiner Einwohner und die Fortschritte der Menschen dort, sowie über die philosophisch psychologischen Dimensionen der ethisch moralischen und sozialen Fragen.

Über das Buch

Dieses ist ein inspirierendes Buch für das Alltagsleben und beinhaltet weltweiten, Gedanken, Humor und Sprüche des Lebens und Anekdoten: „Unsere Reflektive Menschliche Weisheit“ -Our Reflective Human Wisdom liefert neue Inspirationen für unser tägliches, erfolgreiches Leben auf Erden mit inspirierendem, weltweiten Humor, Zitaten für Lebensziele, Zuversicht, Anekdoten und Alltag Scherzen für unser Wohlergehen.

Die Lebens Aktionen entstammen der Philosophie, der Theologie und dem Allgemeinwissen. Sie sind aus verschiedenen Quellen zusammengetragen: Weltbekannte Regierende, Schriftsteller, Psychologen, Anwälte, Humoristen, Wissenschaftler und Lehrer.; der inneren Zufriedenheit auf unserem Lebensweg unter anderem die Themen Bildung, Führung, Recht, Macht, Glaubensleben, Menschenwürde, Menschenrechte, Freundschaft, Liebe, Ehe, Familie, Gesundheit, Spiritualität, Geistliche Berufe, Mönchtum und Klosterleben etc, etc. dazu beigetragen.

Der Autor ist Europäischer Afrikaner Scholar ein katholischer Priester, Geburtig in Enugu Staat in Südost-Nigeria, im Western Afrikas, liegt. Pfr. Dr. Dr. Joe-Barth Abba, promovierte in Theologie und auch in Philosophie an der LMU- Universität München. Vorher erwarb er sich auf der Urbaniana Universität Rom den Titel eines B.A.(phil) und eines B.A.(theol.).

Überdies besitzt er einen B.A. (Jpublr.)-und Journalism/ Public Relation, Afrika / Chicago,USA, P.G.D.Educ, Ein Fachgelehrter auch durch transatlantischer Lehrtätigkeit Erfahrener und Forscher, Linguist und Autor Top-Varianten Bücher/ Artikel über: “Friedensethik auf der Basis der Menschenrechte. Migration und wachsender Intoleranz.“„Religio-Ethnik-Kulturkonfliktslösung-(World-Peace Conflicts-Resolution).„Special Youth Formation“, Christenverfolgung, etc. etc.

„Ihr Buch „Unsere reflektive Menschliche Weisheit“ ist eine reichhaltige Fundgrube von Inspirationen, Zuversicht, Glück, Anekdoten und Sprüchen.Für die Arbeit an Predigten scheint es mir auf den ersten Blick sehr hilfreich zu sein, auch dafürherzlichen Dank!

Erzbischof Dr. Stefan Heße, Hamburg, Germany

Herr DDr. Joe-Barth, haben Sie vielen Dank für diese Benachrichtigung und meinen herzlichen Glückwunsch!
Ich wünsche diesem neuen Buch viele Leser und Leserinnen „Reflektive Weisheit“.
Viel Vergnügen!

Prof. Dr. Markus Vogt, Univ.- LMU München

Stimmen zum Buch

Nach dem Lesen Ihres Buches Herr Pfarrer Dr. Joe-Barth Abba, muss ich feststellen, dass es auch im Beruf sehr hilfreich und inspirierend ist. Ich werde sicherlich die eine oder andere Anekdote und verschiedene Zitate und Weisheiten für meine Reden verwenden. Zuversicht und Glück Perspektive, Tiefsinnige Sprüche des Lebens! Vielleicht bestelle ich einige Exemplare dieses Buches „Unsere Reflektive Menschliche Weisheit!" bereits zu Weihnachten und kann sie auch im neuen Jahr verschenken.

Bürgermeister Ingo J. Hacker, Neuhausen

Sie halten das Werk „Unsere Weisheit" eines vielseitigen afrikanischen Schriftstellers, Linguisten, Forschers, Philosophen, Theologen und Psychologen in den Händen. Pfr. DDr. Joe-Barth Abbas Ausdruck seines neuen Buches ist voller Gedanken, Inspirationen, weltweitem Humor und voller Einfälle menschlicher Weisheit und ist höchst lesenswert. Er berührt unser Alltagsleben, spricht über den inneren Frieden und über die Verbesserung unserer Lebensqualität. Es gibt keinen besseren Weg zur Lebenstüchtigkeit und zu einem langen, glücklichen Leben als den Weg der Liebe und des Humors, um täglich glücklich zu sein! Ein empfehlenswertes Buch für alle und für jeden Anlass. Herzlichen Glückwunsch!

Prof. Dr. Sigmund Bonk, Univ. Regensburg, Germany

Hurra! Pfr. DDr. Joe- Barth Abba! Mit Ihren Charismen bleiben Sie ein brillianter Forscher, ein talentierter und profilierter Schreiber! Sehr gut, diese zeitgenössischen Aussagen in Ihrem neuen Buch, „Unsere Reflektive Menschliche Weisheit.“ Diese werden sicher bei verschiedenen Gelegenheiten und Bereichen des Lebens benötigt. Ich empfehle dieses großartige Buch, verfasst in Deutsch, Englisch und Französich allen und jedermann, ganz besonders auch allen Öffentlichkeitsarbeitern, sowie den Universitäten und Weltbibliotheken.

Prof. Dr. Ludwig Mödl, Univ. LMU, München, Germany

Herr DDr. Joe-Barth, haben Sie vielen Dank für diese Benachrichtigung und meinen herzlichen Glückwunsch! Ich wünsche diesem neuen Buch viele Leser und Leserinnen „Reflektive Weisheit“.Viel Vergnügen!

Prof. Dr. Markus Vogt, Univ.- LMU München